Eduard Danneil
Altrömische Kochkunst in zehn Büchern

Eduard Danneil

Altrömische Kochkunst in zehn Büchern

ISBN/EAN: 9783944350530

Auflage: 1

Erscheinungsjahr: 2013

Erscheinungsort: Bremen, Deutschland

@ Kochbuch-Verlag in Access Verlag GmbH, Fahrenheitstr. 1, 28359 Bremen. Alle Rechte beim Verlag und bei den jeweiligen Lizenzgebern.

Apicius Caelius:
Altrömische Kochkunst
in zehn Büchern

Bearbeitet und ins Deutsche übersetzt von

Eduard Danneil
Herzoglich Altenburgischer Hoftraiteur

:: Leipzig 1911 ::
Herausgabe und Verlag: Kurt Däweritz
Herzoglich Altenburgischer Hoftraiteur
Obermeister der Innung der Köche zu Leipzig und Umgebung.

Vorwort.

Ein für die Mehrheit vielleicht wertloses, für die Jünger der Kochkunst dagegen immer interessantes Unternehmen dürfte die Übersetzung des Kochbuches des Caelius Apicius darstellen. Da eine Übersetzung ins Deutsche meines Wissens namentlich von einem Fachmanne der Kochkunst nicht existiert, so habe ich mich daran versucht, um meine Kenntnisse im Kochen überhaupt zu mehren, dann auch um meinen Kollegen Einblick in die wunderlichsten Zubereitungsarten der Nahrungsmittel, wie sie im dritten Jahrhundert unserer Zeitrechnung (230—260 n. Chr.) in Gebrauch waren, zu gewähren. Als Laie in der klassischen Literatur, doch als ausübender Koch, habe ich die Übersetzung völlig frei ausgeführt, was auch zur größeren Verständlichkeit meiner Kollegen nur praktisch erscheinen mag. Zur Vorlage habe ich mir die letzte Ausgabe von Schuch, Heidelberg 1874 und die Listersche Ausgabe — Amsterdam 1709 dienen lassen. Über die Urheberschaft des Werkes selbst bestehen Meinungsverschiedenheiten. Es lebten zu Rom zwei Apicius. Der eine, der ältere, Marcus Apicius, zur Zeit des Sulla (um 100 v. Chr.); doch erst der andere Gabius Apicius, unter Augustus und Tiberius (80 v. — 40 n. Chr.) brachte seinen Namen zu unverdienten Ehren. Plinius der Ältere nennt ihn eine gastronomische Kapazität. Als großen Liebhaber von Nachtigallenbraten und den Zungen gelehriger Vögel übertraf ihn niemand in der Kunst, 600000 Sesterzen Wert (= 130500 M.) auf einer einzigen zerbrechlichen Tonschüssel zu verspeisen. Er endete sein Dasein, wie er es verbracht —

als Verschwender. Obwohl sein Vermögen 49 Millionen Sesterzen (ca. 10 Millionen Mark) betrug, genügte es seinen ungeheuren Ausgaben nicht. Er zog es vor, zu sterben, statt in »bescheidenen Verhältnissen« weiter zu leben — als Philosoph zu sterben, in jener damals so weit verbreiteten Annahme und Überzeugung, daß der Tod als naturgesetzliche Notwendigkeit nichts Furchtbares habe. Er versammelte seine Freunde zu einem Abschiedsmahle, bei dem ein unerhörter Luxus herrschte. Gegen Ende des Mahles leerte er eine letzte Schale und fiel auf dem Felde, das sein Talent und seine Kunst so oft geschmückt hatte.

Von diesen beiden genannten Apicii dürfte wohl keiner der Verfasser unseres Werkes gewesen sein; es käme daher ein dritter Apicius in Frage. Es steht jedoch fest, daß sein wirklicher Name Caelius lautet. Der dem Titel beigesetzte Name Apicius sollte wohl nur eine Verherrlichung der Kochkunst sein, die in dem Apicius seiner Zeit die höchste Vollendung bedeutete. Möglich auch, daß der Verfasser den Titel ursprünglich: Apicius, Coelii de opsoniis usw. aufführte. Die Unwissenheit der Abschreiber hat dann wahrscheinlich die Namen nicht zu trennen vermocht, sondern sie in Caelius Apicius umgesetzt. Der berühmte Philologe des siebzehnten Jahrhunderts, Isaak Vossius schreibt das Werk dem Marcus Coelius zu, der den Namen des Apicius auf den Titel gesetzt habe, weil es sich um die Kochkunst handelte. Caelius widmet seine Gerichte den verschiedensten Berühmtheiten damaliger Zeit: Cicero, Lucretia, Varus, Vitellius, Commodus, Julianus haben jeder eine besondere Soße. Des Heliogabal erwähnt er nicht, obgleich letzterer ein ausgesprochener, geschichtlich bemerkter Verehrer der luxuriösesten Mahlzeiten war. Man darf wohl hieraus mit ziemlicher Sicherheit schließen, daß Caelius um jene, oben erwähnte Zeit gelebt haben mag. Was nun den Inhalt des Werkes selbst anlangt, so dürfen wir nicht vergessen, daß sich im Laufe von Jahrhunderten

Altrömische Kochkunst.

Sitten, Gebräuche, aber auch die Geschmacksrichtungen verändern, wenn anders wir nicht auf den Gedanken kämen, die uns überlieferten Rezepte mit ihren unglaublichen Absurditäten für Fabel oder Übertreibung zu halten. Aber auch das, was uns doch glaubwürdige Geschichtsschreiber über den fabelhaften Luxus bei den Gastmählern und in der Kochkunst bei den Vermögenden der Römer, in deren Händen allerdings riesenhafte Vermögen lagen, berichten, ist nicht mit unserem Maßstab zu messen.
Die Konkurrenz der Besitzenden in Rom wetteiferte, noch immer seltenere, immer kostbarere Speisen auf ihre Tafel zu bringen: Die Gastronomie wurde eine Kunst und die Köche setzten all ihr Können und ihren Stolz ein, immer neue Gerichte zu erfinden; die gesamte bekannte Fauna und Flora wurden in Kontribution genommen, alles Eßbare wurde auf seinen Geschmack geprüft, der Geschmack des einen und andern durch Aufzucht, Mästung bzw. Düngung gehoben und verbessert. Wird doch von einem gewissen Vadius Pollio berichtet, daß er seine Muränen mit dem Fleische seiner zu diesem Zwecke getöteten Sklaven gemästet habe. Außer vegetabilischen Würzen aller Art wurden aber auch Salze in verschiedenen chemischen Verbindungen wie Natrium, Ammoniak usw. verwendet, wie denn überhaupt die Rezepte mehr für die Apotheke als für die Küche berechnet erscheinen. In vieler Hinsicht weisen denn auch tatsächlich vielfache Zusammenstellungen auf unbedingt diätetische Vorzüge hin, und in jenen Tagen, wo der ärztliche Beruf bei weitem nicht in dem Umfange ausgeübt wurde wie heute, lag der Teil der Medizin, der in das Ernährungsfach fiel, verantwortlich in den Händen des Promuscundus, des Küchenchefs.
Als die Mischungen und Mixturen der Kochkunst dann anfingen, unverdaulich zu werden, verfiel man auf die »vomitorii«
Unserem Geschmack widerstrebt es, Speisen zu genießen, die mit Asa foetida, Garum, Muria, Ammoniak, Kalisalpeter

usw. zubereitet sind, obwohl nicht geleugnet werden darf, daß noch jetzt lebende Völkerschaften sich der Asa foetida zu ihren Speisen und Getränken bedienen, wie die Araber und Perser, und die Malaien mit großer Vorliebe eine ganz ähnliche Substanz wie das Garum gewesen sein muß, zu ihrem täglichen Reisgericht genießen. Mit der Überhandnahme der schwelgerischen, Magen und Geist tötenden Mahle trat auch der Verfall des römischen Volkes ein. Die in Übertreibung gipfelnden, zügellosen Genüsse aller Klassen der römischen Gesellschaft, die mit der Eroberung Griechenlands begannen und sich bis zur Kaiserzeit riesig entwickelten, wurden derselben ebenso verhängnisvoll wie ehemals der griechischen Zivilisation.

Doch unser vorliegendes Werk zeigt uns auch in hygienischer Weise zubereitete Getränke, namentlich köstliche Weinmischungen, dann aber auch gibt es uns Rezepte zur Konservierung von Fleisch und Früchten.

Trotz aller Übertreibungen und Verirrungen ist das Werk des Caelius Apicius nicht nur merkwürdig, es bildet sein Buch auch das Vorbild aller modernen Kochbücher. Wir lernen aus ihm, daß aus der natürlichen Anmut, aus der einfachen naturgemäßen Ernährung, durch Überfeinerung das Natürliche verdrängt und Entartung und Geschmacksverirrung entsteht, daß man aber auch findet, an welch einen seltsamen Nebengeschmack der Mensch sich gewöhnen kann, wenn er dem Reize des Neuen sich hingibt und durch fortwährende Steigerung gleichsam das Neue neu zu erhalten strebt.

Vielleicht gelingt es mir schon mit diesem Vorwort, das Interesse an dem Inhalt des vorliegenden Werkes zu wecken, das einmal durchzulesen jedem eifrigen Jünger und Gönner der Kochkunst nur angelegentlichst empfohlen sein mag.

Altenburg, den 24. Dezember 1897.

E. Danneil.

Vorwort.

Das vorliegende Werk, eine fachmännische Übersetzung des altrömischen, in lateinischer Sprache geschriebenen Kochbuchs

Apicius Caelius: De Arte coquinaria

ist für unsere heutige Kochkunst höchst wertvoll. Es ist das einzige, das uns aus damaliger Zeit erhalten geblieben ist, und zwar lebte der Verfasser Apicius Caelius etwa 200 n. Chr. und schrieb sein Werk auf Pergament. Wenn man bedenkt, daß die erste Niederschrift des Kochbuches in das zweite oder dritte Jahrhundert unserer Zeitrechnung zu setzen ist, und daß die Abschriften desselben vielleicht erst viel später, wahrscheinlich durch Mönche erfolgten, wobei ein jeder derselben noch seine eigene Ansicht und Auffassung unterlaufen ließ, so ist es leicht erklärlich, daß schon die Urschrift verunstaltet ist. Weichen doch auch die der Übersetzung zugrunde liegenden gedruckten lateinischen Ausgaben von Lister 1709, Hummelberg und Schuch, sowohl in Angabe der Zutaten als auch in der Zusammensetzung der Rezepte von einander ab.

Die erste gedruckte Ausgabe erschien 1541 von Albanus Turinus.

Diese Bücher benutzte Kollege E. Danneil, Herzogl. Altenb. Hoftraiteur in Altenburg, ein tüchtiger Lateiner, im Jahre 1897 zu einer Übersetzung ins Deutsche, wozu ihm die Herzogliche Landes-Bibliothek zur Verfügung gestellt wurde.

So können wir denn an der Hand der Übersetzung einen Blick in die Kochkunst der römischen Kaiserzeit werfen, eine Zeit des üppigen Genusses und des Prunkes. Wir können sehen, wie hoch entwickelt sie war und was für Feinschmecker die Römer waren. Sind doch die lukullischen Gastmähler bei uns noch heute sprichwörtlich! Vom Kaiser Vitellius erzählt man z. B., er habe für seine Gastmähler innerhalb 9 Monaten 144 Millionen Mark ausgegeben. Der Kaiser Verus ließ sich ein Nachtessen, an dem nur 12 Personen teilnahmen, nahezu 1 Million Mark kosten. Es ist unter solchen Umständen ganz verständlich, daß die Köche in hohem Ansehen standen und fürstliche Bezahlungen erhielten. So schenkte einst Marcus Antonius dem Koche der schönen Kleopatra, die ihm zu Ehren vor der Seeschlacht bei Actium ein Gastmahl gab, eine ganze Stadt mit ihren Einkünften als Anerkennung für seine Kunst. Die Darbietungen bei diesem Mahle waren eben derart opulent und raffiniert, daß sogar ein Feinschmecker wie Marc Anton überrascht war. So war z. B. das Gehirn von 500 Straußen zu einem frugalen Mahle hergerichtet worden. Man könnte noch einige ähnliche Beispiele aus der Geschichte aufzählen, doch will ich mich mit den bereits angeführten begnügen.

So möge denn die Übersetzung des Kollegen E. Danneil vollen Anklang und Beachtung und vor allem die Dankbarkeit finden, die der deutsche Köchestand seinem Nestor für diese hervorragende Geistesarbeit, durch die er den Leser in die Geheimnisse der alten römischen Kochkunst einführt, schuldig ist. Denn jeder wird wohl einsehen, daß dazu sowohl eine große Kenntnis der lateinischen Sprache, als auch außerordentliche Fachkenntnis nötig war. Seine Übersetzung ist im Unterschiede zu anderen erschienenen freien Übersetzungen möglichst wortgetreu. Zur Zeit seiner Übersetzung war eine anderweitige Übertragung ins Deutsche meines Wissens nach noch nicht erschienen. Erst im Jahre 1910 erschien eine solche von dem inzwischen verstorbenen Privatdozenten R. Gollmer. Derselbe hatte jedenfalls unter Hinzuziehung von gelernten

Köchen eine ziemlich freie und willkürliche Übersetzung gebracht, was allerdings kein Vorwurf sein soll, denn die Ausführungen können auf persönlicher Auffassung beruhen. Es ist natürlich klar, daß die angegebenen Rezepte für unsere Küche keinen praktischen, sondern eben nur rein historischen Wert haben, da erstens schon zur Zubereitung die Zutaten uns heute meist nicht mehr zu Gebote stehen, ferner sich aber auch ein Feinschmecker unserer Zeit gegen die damaligen Gerichte ablehnend verhalten würde. Mögen die Rezepte einem jeden denkenden Koche dazu dienen, zwischen der damaligen und der heutigen Kochkunst Vergleiche anzustellen und Parallelen zu ziehen.

Leipzig, 3. September 1911.

Kurt Däweritz,
Herzoglich Altenburgischer Hoftraiteur,
Obermeister der Innung der Köche zu Leipzig und Umg.

Apicii Caelii

Kochkunst in 10 Büchern.

I. Buch.

Beginnt Apicius Caelius[1]) mit der Kochkunst.

1. Außergewöhnliche Gewürzmischung.

15 Teile Honig werden in ein metallenes Gefäß getan, in welches man zuvor 2 Nösel (= 1 Quart = 1 Liter) Wein gegossen hat: Bei langsamem Feuer wird die Mischung eingekocht unter ständigem Rühren mit einer Gerte (Kelle?); sobald es zu sieden anfängt, wird es mit kaltem Wein abgeschreckt, geschäumt und zum Erkalten vom Feuer genommen, das zwei- dreimal wiederholt wird, dann endlich wird es andern Tags zum Feuer gesetzt und abgeschäumt. Alsdann werden 4 Unzen[2]) geriebener Pfeffer, 3 Scrupulos (Prisen) Mastix, je eine Drachme[3]) Lavendel und Safran, 5 Drachmen mit den Kernen gedörrte Datteln, die man zuvor mit Wein angefeuchtet hat, dazu kommt noch soviel

---

[1]) Epimeles = ὀψοποιός, = der mit der Kochkunst Betraute, der in der Herstellung von Speisen Bewanderte.
[2]) 1 Unze = 24 Scrupulos = 28,75 Gramm.
[3]) 1 Drachme = ca. 4 Gramm. a. dactylos — Plin. N. H. XIV³ führt dieselben als Weinbeeren auf. Nicht zu verwechseln m. dactylus — Plin. XXIV[119] eine Grasart. 1 Sextarie = ca. 1 Liter. b. duo millia sc. milia = 2000 = soviel als erforderlich. Oder ist ein bestimmtes Maß (milarium) damit gemeint? Man setzt auch glühende Kohlen zum Klären oder zur Milderung der Schärfe, der Bitterkeit usw. den Flüssigkeiten zu. — Die Bezugnahmen auf Plin. N. H. sind der Übersetzung desselben von Prof. Dr. Wittstein entnommen. s. D.

Wein als nötig ist, die Mischung (tritura = das Geriebene) dünn zu machen. Wenn dies alles soweit fertig ist, fügt man 18 Sextarien leichten Wein hinzu. Nun werden glühende Kohlen zugesetzt.

2. Gewürzte Honigbrühe,

welche den auf der Straße wandernden Reisenden stets dargereicht wird. (Daher solche, welche sich lange unverdorben hält). Geriebenen Pfeffer und abgeschäumten Honig tue mit gewürztem Wein in ein Gefäß und mische nur so viel als auf einmal getrunken werden soll mit Wein; aber tue auch nicht zu wenig Wein zur Honigwürze. (Es ist wegen des leichteren Ausfließens der Honigwürze, oder auch wegen der besseren Haltbarkeit derselben.)

3. Römischer Absinth

wird nach Camerini so hergestellt: Namentlich wenn Absinthkraut nicht vorhanden ist, nimmt man an dessen Stelle eine Thebaische[1]) Unze gereinigten pontischen Wermut[2]), Mastix[3]), 3 Prisen Lavendel[4]), 6 Prisen Kostwurz[5]), 3 Prisen Safran[6]) und 18 Liter beliebigen Wein. Die Bitterkeit erfordert nicht die Anwendung[7]) von Kohlen.

4. Rosatum (Rosenwein)

mache so: Nimm Rosenblätter, von denen man die weißen Stellen entfernt, tue sie in ein leinenes Tuch und nähe sie ein; hierauf übergieße man mehr als die Hälfte mit Wein, in welchem man sie 7 Tage liegen läßt und dann herausnimmt. Nun füge man wiederum frische Blätter hinzu

---

[1]) Ein Gewicht, welches in Theben gebräuchlich war.
[2]) absinthii Pontici. Plin. N. H. XXVII 28.
[3]) Plin. N. H. XV 31.
[4]) folium nardi — Plin. N. H. XII 26.
[5]) costus. — Plin. N. H. XII 25.
[6]) crocus. — Plin. XXI 17.
[7]) S. Anmerkung 1 6.

und lasse sie wieder 7 Tage ziehen; nach abermals 7 Tagen entferne man auch diese Blätter und gieße den Wein durch einen Durchschlag. Soll der Wein getrunken werden, so gibt man einen Honigzusatz dazu. Natürlich darf nur eine vorzügliche, gut getrocknete Rosenart verwendet werden. Auf dieselbe Weise verwendet man Veilchen zu Violatum (Veilchenwein).
Rosatum ohne Rosenblätter. Die grünen Blätter des Zitronenbaumes werden in einem Bastkörbchen in ein Fäßchen mit Most getan, bevor er gärt. Nach 40 Tagen nimm das Körbchen mit den Blättern heraus, füge Honig hinzu und brauche es als Rosatum.

5. Liburnisches Öl

mache folgendermaßen: In spanisches Öl mische Helenium[1]) und Cyprium[2]) und noch nicht zu alte Lorbeerblätter, alles gehörig gerieben, zu feinem Pulver gestoßen und gesiebt, ebenso gedörrtes, feingeriebenes Salz. Mische es fleißig während drei- auch mehrere Tage; hierauf läßt man es noch einige Zeit offenstehend ruhen. Das liburnische Öl wird von allen für das beste gehalten.

6. Dunkel glänzenden Wein[3])

mache so: Bohnenmehl mit drei Eiweiß tue in ein Mischgefäß, schüttele es längere Zeit (mit dem Weine) und andern Tags wird der Wein glänzend klar sein. Auch mit der Asche der Weinrebe kann es so gemacht werden.

7. Von der zu verbessernden Brühe.[4])

Brühe, wenn sie einen schlechten Geruch hat, verbessere so: Räuchere ein leeres, umgewendetes Faß (Gefäß) mit

---

[1]) helenium — Plin. XXI 91 33.
[2]) cyprium — Plin. XXI 70 = juncus odoratus Pl. XII 48.
[3]) Eigentlich wohl nur eine Klär-Methode.
[4]) liquamen = garum. S. Anmerkung N. 30 u. 46.

Lorbeer und Zypresse, lüfte es dann und tue die Brühe hinein; wenn sie zu salzig wird, schütte den sechsten Teil Honig zu, rühre es mit einer Rute um und du wirst sie verbessert haben; aber hast du jungen Most, so würde er (an Stelle von Honig?) besser sein.

8. Wie Fleisch eine längere Zeit ohne Salz frisch zu erhalten ist.

Das frische Fleisch wird mit Honig bestrichen, doch muß es im Gefäß hängen (es darf nirgends an den Wandungen anliegen). Im Winter hält es sich besser, im Sommer nur wenige Tage. Auch mit gekochtem Fleische kann ebenso verfahren werden.

9. Schweineschwarten, Lendchen- auch Kernfleisch gekocht, daß es sich tagelang hält.

Tue es in eine Mischung von Senf und Essig, salze und bestreiche es mit Honig, so daß es von allem bedeckt ist. Verwende davon, was du willst und du wirst (von seiner Güte) überrascht sein.

10. Gesalzenes Fleisch mild schmeckend zu machen.

Koche das Fleisch zuvor in Milch und darauf in Wasser.

11. Geröstete (gebratene) Fische einige Zeit zu erhalten.[1]

Gleich nachdem die Fische gebraten sind, werden sie mit heißem Essig übergossen.

12. Austern aufzubewahren.

In ein ausgepichtes Essig-Faß schichte die gewaschenen Austern ein.

---

[1] Genau so wie es noch heute mit Bratheringen und Neunaugen geschieht.

13. Eine Unze Laser fortwährend zu gebrauchen.[1)]

Tue den Saft des Silphium in ein weites Glasgefäß, füge ungefähr 20 Pinienkerne hinzu und zum Gebrauch des Saftes (der Laser) zerstoße die Kerne und mische sie den Speisen oder Säften zu; nimm dann eine gleiche Anzahl, die dann wieder ins Gefäß getan werden.

14. Wie sich Honigkuchen lange halten.

Nimm, was die Griechen πηνίον (Hefe) nennen, mische Honig mit Mehl, wenn du dabei bist, die Kuchen zu fertigen.

15. Schlecht gewordenen Honig gut zu machen.

Schlecht gewordenen Honig mische zum Verkauf einen Teil schlechten mit zwei Teilen guten.[2)]

16. Wie verdorbener Honig erprobt wird.

Tue Alantkraut[3)] in den Honig und zünde es an; wenn er unverdorben ist, leuchtet es (brennt es).

17. Weintrauben aufzubewahren.[4)]

Nimm unverletzte Trauben vom Weinstock. Regen- oder Flußwasser koche zum dritten Teil ein, tue es in ein Gefäß, in welches die Trauben getan werden sollen. Das Gefäß muß ausgepicht und gegipst sein und in einem kalten Raume stehen, wohin die Sonne keinen Zutritt hat. Auf diese Art behandelt, wirst du, wenn du willst, die Trauben frisch finden. Dasselbe Wasser kannst du nach Befinden den Kranken als Honigmet geben. Bedeckt man die Trauben noch mit Gerste (Kleie), wirst du sie unverletzt finden.

[1)] Laserpitium-Silphium. Plin. N. H. XIV[16] XXII [48/49], der Saft einer bis jetzt noch nicht wieder entdeckten, wohlriechenden und wohlschmeckenden Pflanze aus Kirene (Nord-Afrika). S. N. 31.
[2)] Unwürdiger Betrug, Nahrungsmittelfälschung.
[3)] S. N. 5 helenium Plin. XXI [91].
[4)] cf. Plin. N. H. XIV[3] und XV[18].

18. Granatäpfel aufzubewahren.
Tauche sie in heißes Meerwasser, nimm sie sofort wieder heraus und hänge sie auf.

19. Cydonische (Kretische) Quitten aufzubewahren.[1]
Nimm Quitten ohne Fehler mit Zweigen und Blättern, schichte sie in ein Gefäß und übergieße sie mit Honig und dickem Most, so wirst du sie lange Zeit erhalten.

20. Frische Feigen, Äpfel, Pflaumen, Birnen und Kirschen frisch zu erhalten.
Suche alle Früchte mit den Stielen sorgfältig aus, tue sie in Honig, daß sie sich nicht gegenseitig berühren.

21. Zitronen (Orangen) aufzubewahren.[2]
Tue die Früchte in ein Gefäß, überziehe sie mit Gips und hänge sie auf.

22. Maulbeeren aufzubewahren.[3]
Nachdem man den Maulbeeren die Feuchtigkeit entzogen hat, mische man sie mit eingekochtem Most und tue sie in ein Glasgefäß. Siehe häufig nach (ob sie auch nicht verderben).

23. Kräuter aufzubewahren.
Ausgesuchte, nicht völlig reife Kräuter tue in ein gut ausgepichtes Gefäß.

24. Rüben aufzubewahren.
Nachdem sie gereinigt und mit Myrtenbeeren zubereitet sind, begieße sie mit Honig und Essig.
Auf andere Art. Richte Senf, Honig und Essig mit Salz vor und übergieße damit die zubereiteten Rüben.

---

[1] cf. Plin. N. H. XV ^{10}.
[2] cf. Plin. XV ^{18}.
[3] cf. Plin. XV ^{27}.

25. Trüffeln (Erdschwämme, Morcheln?) aufzubewahren.[1)]

Reinige die Pilze, welche nicht mit Wasser benetzt sein dürfen und tue sie in ein Gefäß; in ein anderes Gefäß tue die Brocken (Schalen), gipse die Gefäße und hebe sie an kaltem Orte auf.

26. Hartschalige Pfirsich (Mangos, Pflaumen?) aufzubewahren.

Die besten, auserlesenen werden in Salzlake getan, einige Tage darauf herausgenommen, sorgfältig mit einem Schwamme gereinigt, in ein Gefäß geordnet und mit Salz, Essig und Saturei (Pfefferkraut?) übergossen.

27. Frische Oliven aufzubewahren, um nach einiger Zeit Öl daraus zu machen.[2)]

Die frisch gepflückten Oliven werden in Salzlake getan, worin sie einige Zeit verbleiben, erst dann kann man ein gutes Öl daraus bereiten, nicht so von den frisch gepflückten.

28. Damaszener (Pflaumen), Datteln, trockene Trauben, Granatäpfel[3)]

tue in einen trockenen Raum, daß sie nicht Geruch und Ansehen verlieren.

29. Gewürz-Salze für Vielerlei.

Gewürzte Salze zur Verdauung, gegen Leibschmerzen und viele Krankheiten, gegen Pestilenz und alle kalten Fieber im allgemeinen vorzubeugen; sie sind übrigens süßer (angenehmer) als du vermutest: 1 Pfund gestoßenes, gewöhnliches Salz, 2 Pfund gestoßenen Ammoniak, 3 Unzen

---

[1)] Plin. XV[14] führt auch unter Äpfel tuberes = Nußäpfel — auf.
[2)] cf. Plin. N. H. XIV[4] u. [6].
[3)] dactylos nach Plin. eine besondere Art Weinbeeren.

weißen Pfeffer, 2 Unzen gewürzhaften Pfeffer[1]) (Piment, Ingber?), ½ Unze Kümmel[2]), ½ Unze Thymian, ½ Unze Eppich = (Selleriesamen), 3 Unzen Petersiliensamen; wenn man Eppichsamen nicht verwenden will, 3 Unzen Majoran, ½ Unze weißen Senfsamen, 3 Unzen schwarzen Pfeffer, ½ Unze Benediktenkraut,[3]) 2 Unzen kretischen Ysop[4]) (Bohnen-Pfefferkraut?), 2 Unzen Lavendel, 2 Unzen Petersilie und 2 Unzen Dill.

30. Austern und Muscheln in Kümmelbrühe (Würze).

Pfeffer, Ligusticum[5]) (Liebstöckel), Petersilie, trockene Krauseminze, Malabarblätter[6]) (Lorbeerart), etwas viel Kümmel, Honig, Essig und Brühe.
Auf andere Art. Pfeffer, Liebstöckel, Petersilie, trockene Krauseminze, viel Kümmel, Honig, Essig und Brühe.[7])

31. Laseratum, griech. Silphium.

Kyrenäischer und Parthischer Laser wird lauwarm mit Essig aufgelöst, die Flüssigkeit (Brühe?) mäßig warm gehalten; auch Pfeffer, Petersilie, trockene Krauseminze, die Wurzel des Laser, Honig, Essig und Brühe hinzugetan.
Auf andere Art: Pfeffer, Karischen Kümmel,[8]) Dill, Petersilie, trockene Minze, Laser, Nardenblätter,[9]) Malobathum,[10]) Indischen Lavendel, ein wenig Kostkraut,[11]) Honig, Essig und Brühe.

---

[1]) zingiber Plin. XX 58.
[2]) ammium = besondere Kümmelart Plin. XII 14.
[3]) enicus. Plin. XXI 63.
[4]) hyssopium = origanum syriacum. Plin. XX 13.
[5]) ligusticum Plin. XIX 56.
[6]) malobathron. Plin. XII 59.
[7]) liquamen = garum = Fischbrühe, Coel. Aurel. Chron. II 1. S. auch N. 46.
[8]) Plin. XIX 8 careum = Feldkümmel.
[9]) Plin. XII 26 folii nardi Nardenblätter.
[10]) Plin. XII 59 malobathum.
[11]) Plin. XII 25.

NB. Silphion-um, eine den alten Griechen bekannte, wohlriechende, in der Nordafrikanischen Landschaft Kyrene wachsende Pflanze; ebenso eine widrig, knoblauchartig riechende, im Orient, namentlich in Persien verbreitete Pflanze. Letztere wird allgemein für das Asa foetida = Scorodosma foetidum gehalten. Erstere Art spielte im Altertum eine höchst wichtige Rolle. Die jungen Sprossen wurden als feinstes Gemüse in ganzen Schiffsladungnn nach Griechenland gebracht, auch der Stengel galt in verschiedener Zubereitung als Delikatesse. Die Pflanze wurde als Arzneimittel und Antidotum sowie als Gewürz — namentlich der eingedickte Saft des Stengels und der Wurzel, das Laserpitium der Römer, welches diese mit Silber aufwogen — hochgeschätzt. Trotz aller Forschungen der Archäologen, Botaniker und Reisenden konnte bis jetzt nicht ermittelt werden, welche Pflanze unter dem Silphium der Alten zu verstehen sei (Meyers Konvers.-Lexikon). Auch schreibt Plin. sci. N. H.[1]: Laserpitium, bei den Griechen silphion genannt, wächst in der Kyrenäischen Provinz; sein Saft laser genannt, wird viel und mit vortrefflichem Erfolge in der Medizin angewandt und mit Silberdenaren aufgewogen. Schon seit vielen Jahren, also zur Zeit des Plinius des Älteren 23 — 79 n. Chr. Geb., findet man es nicht mehr in diesem Lande. Schon seit langer Zeit wird bei uns nur der in Persien, Medien und Armenien vorkommende Laser eingeführt, der an Güte dem Kyrenäischen weit nachsteht, auch mit Gummi, Sapagenum oder gestoßenen Bohnen verfälscht wird. Daher dürfen wir umsoweniger unerwähnt lassen, daß unter dem Konsulate des C. Valerius und M. Herennius 30 Pfund Laser auf Staatskosten von Kyrene nach Rom gebracht wurden. Ferner, daß der Diktator Cäsar zu Anfang des Bürgerkrieges unter Gold und Silber 1500 Pfund Laser aus der Schatzkammer brachte. Bei den glaubwürdigsten griechischen Schrift-

---
[1] Plin. N. H. XIX [16].

stellern finde ich aufgezeichnet, daß dies Gewächs durch plötzliche Benetzung der Erde mit pechartigem Regen in der Nähe der Gärten der Hesperiden und der großen Syrte — 7 Jahre vor Erbauung der Stadt Kyrene, welche im 143. Jahre Roms gegründet wurde — entstanden sei; es sei eine wilde Pflanze, die sich nicht kultivieren lasse, ihre Wurzel sei groß und dick, der Stengel gertenartig. Die Blätter, welche denen des Eppichs sehr ähnlich sind, hießen maspetum. Nachdem die Blätter abgefallen sind, werden die Stengel von den Menschen gekocht, gebraten und gedämpft gegessen, sie reinigen die ersten 40 Tage hindurch den Körper von jedem Übel. Den Saft gewann man auf doppelte Weise, nämlich aus dem Stengel und der Wurzel und nannte diesen Rhyzias, jenen Caulias. Der letztere war von geringer Güte und ging leicht in Fäulnis über. Der Saft selbst wurde in ein Gefäß getan, Kleie hinzugemischt und durch öfteres Umarbeiten zur Reife gebracht; ohne diese Behandlung faule er gern. Die gehörige Reife erkannte man an der Farbe und der Trockenheit nach beendigtem Schwitzen. Einige sagen, die Wurzel des Laser sei über ein Kubitus (45 cm) lang gewesen und habe oberhalb der Erde einen Knollen getragen, beim Ritzen des letzteren sei ein milchähnlicher Saft ausgeflossen und hierauf der Stengel darüber emporgewachsen. Die goldgelben Blätter, welche nach dem Aufgang des Hundssterns (23. Juli) beim Südwinde fielen, hätten die Funktion des Samens vertreten, aus ihnen sei die Pflanze entstanden und Wurzel und Stengel hätten sich in Jahresfrist vollkommen ausgebildet; man habe auch die Pflanze gewöhnlich umgegraben.

32. Weinbrühe zn Trüffeln.[1]

Pfeffer, Liebstöckel, Koriander und Raute; Brühe, Honig und ein wenig Öl. Auf andere Art: Thymian, Saturei, Pfeffer, Liebstöckel, Honig, Brühe und Öl.

---

[1] oenogarum = Weinbrühe.

33. Oxyporum (Scharfe Speise).[1]

2 Unzen Kümmel, 1 Unze Ingber (Piment?), 1 Unze grüne Raute, 6 Prisen Salpeter, 12 Scrupulos[2] frische Datteln (frische, fleischige Weinbeeren), 1 Unze Pfeffer, 9 Unzen Honig, äthiopischen, syrischen oder lybischen Kümmel, übergieße mit Essig, trockne[3] es und stoße es, füge nachher, wenn es nötig ist, noch Honig zu und gebrauche es als Oxyporum.

34. Hypotrimma (Flüssige, wohlschmeckende Speise).[4]

Pfeffer, Liebstöckel, trockene Minze, Pinienkerne, Rosinen, Datteln[5] und Quark (weicher, frischer Käse); Honig, Essig, Brühe, Öl, Wein, Mostsaft,[6] auch abgekochten Most.[7]

35. Oxygarum (Saure, leicht verdauliche Fischbrühe).[8]

$1/_2$ Unze Pfeffer, 3 Scrupel (Prisen) Sesel[9] (Bergkümmel), 6 Scrupel Kardamom,[10] 6 Scrupel gewöhnl. Kümmel, 1 Scrupel Lavendelblätter, 6 Scrupel trockene Minze werden fein gestoßen, durchgesiebt und mit Honig gemischt; hierauf fügt man Brühe und Essig zu.

Auf andere Art: 1 Unze Pfeffer, einige Unzen Petersilie, Feldkümmel und Liebstöckel mit Honig gemischt, dann fügt man Brühe und Essig zu.

36. Mortaria (Kalte Schale — Kräuter-Mischung).[11]

Minze, Raute, Koriander, Fenchel, alles grün bzw. frisch, Liebstöckel, Pfeffer, Honig, Brühe, zuletzt Essig dazu.

---

[1] Oxyporon.
[2] dactylorum pinguium ist nach Hummelberg die süße Frucht einer Palmenart.
[3] siccas — dämpfe es trocken ein.
[4] Hypotrimma.
[5] cariota. Plin. XIII 9, XV 34.
[6] defrutum. Plin. XIV 9 u. 11.
[7] caraenum. Plin. XIV 11.
[8] Oxygarum = saure Fischbrühe.
[9] sil-sesil. Plin. XX 18.
[10] cardamom. Plin. XII 32.
[11] mortaria. Ovid Fast. IV 367.

II. Buch.

37. Würste, Farcen

werden von allerhand Seegetier als: Hummer, Seekrebs, Tintenfisch, Sepia und Lokusten[1]) gemacht; der Farce setze Pfeffer, Liebstöckel und Laserwurzel bei.

38. Farce (Füllung) von Tintenfisch.

Nachdem (vom Fisch) alle Glieder abgelöst sind, wird er auf einem Hackbrett fein gewiegt, sowie alles Fleischige dazu getan; in einem Mörser mit der Brühe fleißig gestoßen, woraus die Fülle gebildet wird.

39. Fülle — (Würste) von Hummer oder großen Seekrebsen:

Die Hummern oder Seekrebse werden ausgebrochen, das Fleisch mit Pfeffer und bester Brühe im Mörser gestoßen, die Masse in Därme gefüllt.

40. Netzhautwürste.

Brate Schweinsleber und sehne sie aus; zuvor reibe Pfeffer, Raute und Brühe, untermische die Leber, reibe es nochmals und mische alles, hülle es in die Netzhaut (v. Darm) mit einigen Lorbeerblättern, dann hänge es in den Rauch, je nach Bedarf. Lister fährt nun im Satze fort, während Schuch mit einem neuen Satz — et sicium — beginnt.

41.

Tue in einen trockenen Mörser und reibe Pfeffer, Liebstöckel und Majoran, gieße Brühe unter, füge gekochtes Schweinshirn zu, reibe tüchtig, damit keine Klümpchen mehr vorhanden sind, tue noch 5 Eier zu, mische es fleißig, daß es eine Masse wird; nach Bedarf feuchte es noch an und koche es in einem metallenen Geschirr; tue alles oder stürze alles auf ein Brett (in eine Mulde?). Schneide es

---

[1]) Auch Plinius spricht wie das Original nur von Lokusten — vielleicht sind Langusten gemeint.

Altrömische Kochkunst.

in Würfel; tue in einen Mörser Pfeffer, Liebstöckel und Majoran, reibe es und tue es in ein Kochgeschirr, laß es kochen; wenn es gekocht hat, zerreibe die Stückchen (Klümpchen — soweit sie beim Kochen entstanden sind) ziehe es ab, verdünne es und leere es auf eine Schüssel; füge und streue Pfeffer zu.

42. Würste aus Muscheln:[1]

Ausgesuchte Muscheln befreie von dem Barte (Sehne) und zerreibe sie, füge dann ausgesuchten Spelt (Graupen, Grütze) zu, reibe es mit Eier und Pfeffer, fülle es in Därme und brate es, feuchte es mit Weinbrühe an und trage es als Würste auf.

Nach Lister: **Würste aus Pfefferlingen (Eierschwämmchen).** Ausgesuchte Pfefferlinge befreie von den harten Stielen und zerreibe sie, dann verreibe damit ausgelesenen Spelt, Eier und Pfeffer, fülle und brate sie in Därme, netze sie mit Weinbrühe und gib sie an Stelle von Fischwürsten.

43. Fettdarm-Würste.[2]

Zerschnittenes Schweinefleisch zerstoße mit in Wein geweichtem, bestem Weizenmehl, dem füge Pfeffer, Brühe, nach Bedarf oder Wunsch auch ausgekernte Myrtenbeeren hinzu, forme kleine Würstchen, in welche du noch Pinien- und Pfefferkörner tust. Brate die Würstchen mit Weinbrühe.

44: Mit Fischbrühe abgezogene und mit Kraftmehl zubereitete Sachen. Vollwürste.

Nimm ausgesuchte fette, frische, feste Fasanen, brate sie an, schneide Würfel daraus, fülle sie mit Pfeffer und

---

[1] sfondilos-spondylos nach Schuch, welche Lesart, dem Inhalte nach, auch die richtige zu sein scheint, da in diesem Kapitel von Fischwürsten gesprochen wird.
Lister dagegen schreibt: spongiolis = Art Eierschwämmchen, s. unten.
[2] Hummelberg meint, daß bei nucleis in diesen und folgenden Sätzen stets pineis = Pinienkerne, gemeint seien.

Weinbrühe in Därme, koche sie in Fischbrühe und trage sie auf.

45. In Fischbrühe bereitete Würste.[1]

Reibe Pfeffer, Liebstöckel, ein wenig Bertram (Kamillenart), feuchte es mit Brühe an, verdünne es, während du es zubereitest, mit Zisternen- (Regen-) Wasser, leere es in ein Kochgeschirr, setze es (mit der Wurst?) der Hitze des Feuers aus und wenn es heiß ist, trage es zum Schlürfen (weil es flüssig oder breiartig war?) auf.

46. Würste von jungem Huhn (Hühnchen).

1 Pfund bestes Olivenöl, ein viertel Maß Brühe[2] und ½ Unze Pfeffer. (Jedenfalls wurde die Hühnerwurst — nach Art der N. 44 bereiteten hierin gekocht).

47. Auf andere Art.

Reibe 31 Gran Pfeffer, tue beste Brühe in ein Geschirr, gesottenen Most, 2 Teile Wasser und setze es zum Feuer. Nach Schuch: Zerreibe 31 Gran Pfeffer, füge einen Becher beste Brühe, gesottenen Wein oder statt dessen Fasanenfond (Brühe), den dritten Teil soviel, sowie 4 Teile Wasser zu und stelle es in einem Dampfbad (Bain marie) zum Feuer.

48. Einfache Würste.

Zu einem Gläschen (acetabulum)[3] voll Brühe tue 7 Teile Wasser, ein wenig grünen Eppich (Sellerie), reibe einen Löffel voll Pfeffer und koche es mit den Würstchen. Gibst du es, um offenen Leib herbeizuführen, füge mit Hefen gemischte Fischbrühe zu.[4]

---

[1] Hydrogarata isicia — nom. prop.
[2] liquamen — scheint eine im voraus fertig gehaltene Brühe, Bouillon, Nachbouillon gewesen zu sein,
[3] 15 acetabulum = ca. 0,066 Liter.
[4] Scheint demnach auch zu sanitären Zwecken verwendet zu sein.

Lister schreibt sales statt feces — mithin mit Abführsalz gemischte.

49. Würste von Pfau

nehmen die erste Stelle ein, vor allem müssen sie erst gebraten sein, daß die harte Haut (des Pfau?) weicht; die zweite Stelle haben die Kaninchen (Würste), die vierte Stelle haben die Würste von Kranichen, die fünfte Stelle haben die von zartem Schweinefleisch.
(Lister führt noch an zweiter Stelle die Fasanenwürste an).

50. Würste von besonderer Art oder kesselwarm

(ab alieno = ab aheno = vom Kessel weg, kesselwarm).[1]

Reibe Pfeffer, Liebstöckel, ein wenig Majoran, Silphium, ganz wenig Piment; schmecke es mit ein wenig Honig und Brühe ab und mische es, tue es unter die Würste, laß es kochen, wenn es gut gekocht hat, ziehe es dick mit Kraftmehl ab und trage es mit Kraftmehl abgezogen zum Schlürfen auf.

51. Auf andere Art.

(Hier gebraucht Schuch — amolum = mit Kraftmehl). Reibe tags vorher angefeuchteten Pfeffer, gieße Brühe zu, so daß sie gut verrieben, dick und pfefferig ist, tue eingekochten Most daran, der mit Quitten[2] bereitet ist, welcher sich an der heißen Sonne zu Honig verdichtet hat; sollte es aber nicht (mit Quitten) sein, so tue mit Most eingekochte Feigen[3] hinzu, welchen Saft die Römer Farbe[4] nennen; endlich tue noch eingeweichtes Kraftmehl

---

) Lister schreibt amylata = Kraftmehl-Würste.
[2]) cotteniis = Plin. XIII[10].
[3]) caricae = Plin. XIII [10].
[4]) colorem — Farbe (vielleicht identisch mit Zuckerkouleur vulgo Affen). Die verschieden lautenden Ausgaben von Lister, Schuch, Hummelberg u. a. glauben annehmen zu sollen, daß unter dem, was die Römer colorem nannten, ein dekokt von Quitten oder Feigen mit Honig gemeint sei. So

oder auch Reismehl (Dekokt von Reis = Reisbrei) daran lasse es bei gelindem Feuer kochen.

52. Auf andere Art.

Nimm Hühner, beine sie aus; tue in ein Kochgeschirr Porree, Dill und Salz, wenn es miteinander gekocht hat, tue Pfeffer, Selleriesamen, eingeweichtes Reismehl daran, füge Brühe und eingekochten Most oder Rosinenwein zu, mische alles gut und gib es mit der Wurst auf.

53. Apodermum, Abgezogenes

= bezieht sich auf die abgezogenen Kerne von Nüssen, Mandeln usw. Die gebrühte Grütze (das Geriebene) von geschälten Nüssen (Pinienkernen) und Mandeln, welche vorher in Wasser eingeweicht und mit weißer Tonerde gewaschen sind, daß sie blendend weiß erschienen, mische mit Rosinen, besprenge es mit eingekochtem Wein oder eingekochtem Most und tue es in ein Kochgeschirr.[1] Schuch schreibt abweichend von Lister — ciminum ammi ammis cebis statt cum jam misceb. = mische es mit Kümmel.[2]

54. Eingewickelte Würstchen.

Reibe Pfeffer und Kümmel mit zwei von der Schale befreiten kleinen Poreeknollen (Zwiebeln), Raute und Brühe, darunter mische das gut gestoßene und zerriebene Fleisch (des Schweineeuter oder Gebärmutter[3] — vulva suillae). Hast du es nun miteinander verrieben, daß es gemischt werden kann, tue Pfeffer- und Pinienkerne gut gewaschen

---

auch verstehen sie unter amylum infusum eingeweichtes, angefeuchtetes, nicht auf der Mühle gemahlenes feines Gerstmehl und unter oryzae-oryzare succum ein Dekokt von Reis.

[1] boletum — Pilzgeschirr, jegliches Geschirr (Soßennapf).
[2] ammium — eine bestimmte Art von Kümmel, Plin. XX [15], [24].
[3] Die Gebärmutter einer Sau war den Alten ein delikates Gericht. Horat. Epist. I [15], [41]. Martial XIII [56], Plin. Epist. I [15], Plin. H. N. XI [84] s. ebenda abdomen — Euter.

und im Mörser zerstampft hinzu. Dann wird es gekocht in Wasser, Öl, Brühe, einem Bündel Porree und Dill.

55. Botelli (kleine Würstchen. nom. prop.)

Sechs gekochte Kalbsbröschen (ovi vitellis, s. Anmerk.) gestoßene Pinienkerne, Zwiebeln, geschnittenen Porree, frische Brühe, ganz wenig klaren Pfeffer füge zusammen, fülle das Fülsel ein, tue noch Brühe und Wein zu und koche es. (Nach der Schuchschen Lesart heißt es: tus, crudum misces — tus — thus Weihrauch, vielleicht auch Rosmarin?)[1]

56. Lucanische Würste (Brat- oder Knackwürste?)

mache ähnlich wie die oben beschriebenen. Reibe Pfeffer, Kümmel, Saturei, Raute, Petersilie, Gewürz (Piment?), Lorbeerkörner und Brühe, mische es mit gut gewiegtem Schweinefleisch, welches von neuem mit vorigem zu stoßen ist; füge Brühe, ganzen Pfeffer, abgeschöpftes Fett und Pinienkerne zu. Fülle die Würstchen, nachdem die Masse noch verdünnt ist und hänge sie in den Rauch.

57. Farcimina
(Nom. prop. für eine bestimmte Art Würste).

Reibe Eier mit Schweins-(Kalbs?) Hirn, Pinienkerne, Pfeffer, Brühe und ein wenig Laser, fülle es in Därme, siede sie, dann brate sie und trage sie auf.

58. Auf andere Art.

Mische gekochten Spelt (Grütze) mit geschnittenem und gestoßenem (Schweine-) Fleisch zusammen mit Pfeffer, Brühe und Pinienkernen, fülle die Würste ein, siede sie, brate sie mit Salz und trage sie mit Senf auf; auch schneide sie (in Scheiben) und trage sie auf einer Wurstschüssel (disco) auf.

---

[1] Lister schreibt = ex ovi vitellis = Eigelb? was wohl für dieses Rezept nicht gut passen würde.

59. Auf andere Art.

Reinige Spelt (Grütze, Graupen), zerschneide Gekrösefett (liquamen intestini) und das vorher ein wenig leicht gesottene Mark vom Porree, ziehe dasselbe beiseite (vom Feuer), schneide das Fett und die besten Stücke des Fleisches, mische alles untereinander, reibe Pfeffer, Liebstöckel und 3 Eier, alles im Mörser zerstoßen mit Pinienkernen und ganzem Pfeffer, gieße Brühe unter, fülle es in Därme, siede und brate es und stelle das Gesottene ganz auf.

60. Runde Würste (Knackwürste?).

Fülle die Därme mit dem besten Wurstfleisch und forme runde Würste, räuchere sie und wenn sie geräuchert sind, brate sie, richte sie hübsch an, gieße Weinbrühe unter, aber füge auch Kümmel bei. (Lister schreibt oenogaro phasiani = Fasanenfond).

III. Buch.
Von den Gemüsen.

61. Vom Kohl und allen Arten Küchenkräutern.

Um alle Arten Kohl schön grün zu machen bzw. zu erhalten, werden sie mit Natron (Soda) gekocht.[1])

62. Gut bekömmliche Zukost

(ad ventrem — gut bekömmlich), sonst auch Pulmentarium als nom. prop. Kleine Beten[2]) und gut gereifte Porree wälle ab (blanchiere) und tue sie in eine Pfanne. Reibe Pfeffer und Kümmel, untergieße es mit Brühe, mit gesottenem Most oder was sonst süß ist, laß es kochen; wenn es gekocht hat, richte es an.

---

[1]) Eine auch jetzt gebräuchliche Art, die grünen Gemüse mit Soda abwällen.
[2]) betae Plin. N. H. Römischer Kohl, Mangold, auch rote Rüben.

Auf gleiche Weise tue Polypodium[1]) an einen warmen Ort, schäle es (glätte es), füge ein wenig klaren Pfeffer und Kümmel hinzu, bringe es in eine Pfanne zum Sieden und verwende es.

63. Auf andere Art.

Mache Bündel der Beten, trockne sie ab, wasche[2]) sie indem du mäßig Soda[3]) zusetzt, binde sie in einzelne Bündel, tue sie in Wasser zum Kochen, wenn es kocht, tue sie in ein Geschirr (Pfanne, Kochtopf) mit gesottenem Most oder Rosinenwein, streue Kümmel und Pfeffer und ein wenig Öl darüber; wenn es gekocht hat, reibe Polypodium und Nußstücke mit Brühe und gieße es in die Pfanne, während die Speise kocht, verarbeite es miteinander, nimm es sogleich vom Feuer und verwende es.

64. Varronische Beten (Schwarzwurzeln).

Varro: Beten, aber schwarze, deren Wurzeln gereinigt sind, koche mit eingekochtem Met, mäßig Salz und Öl oder auch in Wasser, Salz und Öl, in welchen die Stücken getan werden und sich voll saugen; besser ist es noch, wenn Hühner mit verkocht werden.

65. Auf andere Art.

Frischen Sellerie mit seinen Knollen wasche und trockne an der Sonne; dann siede ebenso das Zarte und die Köpfe (Knollen, Zwiebeln) von Porree in einem neuen

---

[1]) polypodium. Plin. N. H. XVI [92] und Plin. N. H. XXVI [37]. Desgl. = Engelsüß. — Man verwendet die Wurzel, welche rauh, im Innern grün, kleinfingerdick, gefäßartig ausgehöhlt und süßlich ist, auf Felsen und am Fuße alter Bäume wächst. Zur Gewinnung eines Saftes daraus feuchtet man sie vor dem Pressen an, schneidet sie fein, setzt Kohl, Beten, Malven, Salzbrühe oder irgendeinen Brei hinzu, läßt kochen und nimmt dieses Mittel auch bei Fieber, um gelinde abzuführen.

[2]) Schuch schreibt ne lave — wasche nicht.

[3]) Ders. nigrum statt nitrum und meint, man müsse vinum dazu denken — so daß schwarzer, dunkler Wein gemeint sei.

Kochtopfe, in welchem zuvor Wasser zum dritten Teil eingekocht ist; dann reibe Pfeffer, Brühe und ein gleiches Quantum Honig, den Saft verwende und vermische im Mörser die eingekochte Selleriebrühe, übergieße den Sellerie damit, wenn er gleichfalls gekocht hat; nach Bedarf tue noch Sellerie zu.

66. Spargel.[1]

Spargel kochst du, wenn du ihn schnell in heißes Wasser tust. (Die hartschaligen laß weg).

67. Kürbisse.

Zum Speisen werden die gesottenen und ausgedrückten Kürbisse in eine Pfanne eingerichtet. Reibe im Mörser Pfeffer, Kümmel, ein wenig Laser, ein wenig Raute, schmecke es mit Brühe und Essig ab, tue etwas eingekochten Most zum Färben zu; die Brühe leere in ein Kasserolle; drittens setze es, wenn es gekocht hat, weg und streue klaren Pfeffer darüber.

68. Auf andere Art.

Koche Kürbisse in Wasser auf die Art wie Colocasia;[2] reibe Pfeffer, Kümmel, Raute, gieße Essig zu, richte Brühe in einem Kasserolle vor, füge jenes hinzu und tue die geschnittenen und ausgedrückten Kürbisse in den Sud, daß es kocht, ziehe es mit Kraftmehl ab und richte es an.

69. Kürbisse auf Alexandriner Art.

Drücke gekochte Kürbisse aus, bestreue sie mit Salz, richte sie im Kasserolle ein; reibe Pfeffer, Kümmel, Koriandersamen, grüne Minze und Laserwurzel, gieße Essig zu; Datteln und geriebene Pinienkerne mische mit Honig, Essig, Brühe, eingekochtem Most und Öl und gieße es über die

---

[1] Schuch schreibt cucabis und findet siccabis für unsinnig; er leitet cucabis von κοῦκι — Kokosnußmilch ab, wodurch der Sinn entstände, daß der Spargel zuvor in dieser Milch und dann erst in Wasser gekocht wurde.
[2] colocasia Plin. XXI 16.

Küsbisse; wenn es gekocht hat, streue gestoßenen Pfeffer darüber und richte es an.

70. Auf andere Art.
Gesottene Kürbisse nur mit Brühe und Öl zubereitet.

71. Auf andere Art.
Geröstete (gebratene) Kürbisse mit einfacher Weinbrühe zubereitet und gepfeffert.

72. Auf andere Art.
Gesottene und gebratene Kürbisse tue in ein Kasserolle, übergieße sie mit Kümmelbrühe, füge ein wenig Öl hinzu, laß es kochen und richte es an.

73. Auf andere Art gebratene Kürbisse.
Reibe Pfeffer, Liebstöckel, Kümmel, Majoran, Zwiebel, Wein, Brühe und Öl, ziehe es im Kasserolle mit Kraftmehl ab und richte es an.

74. Auf andere Art Kürbis mit Hühnchen.[1)]
Hartschalige[2)] Pfirsisch, Pilze, Pfeffer, Feldkümmel,[3)] Laser, grüne Kräuter: als Minze, Sellerie, Koriander, Polei und Kresse; Honig, Wein, Brühe, Öl[4)] und Essig.

75. Zitronat, Zitronengurken
bereite mit Bergsil[5)] (Bergfenchel), Laser, trockener Minze, Essig und Brühe.

[1)] cum gallina könnte vielleicht auch cum cunila gallinacea = Herakleischer Dost sein? Plin. XX 64, 66.
[2)] duracina kann nach Plin. sowohl uva, persica oder cerasum = Wein, Pfirsisch oder Kirschen sein.
[3)] careum Plin. XIX 8.
[4)] oleum acetum bezeichnet Plin. auch als — bestes Öl.
[5)] sil — Plin. XX 18.

76. Gurken.

Geschälte Gurken koche in Brühe, oder auch in Weinbrühe. Daß sie nicht Aufstoßen und Beschwerden verursachen, nimm nur die zartesten.

77. Auf andere Art.

Geschälte und gesottene Gurken koche mit gesottenem (Schweins-?) Hirn, Kümmel und etwas Honig; auch in Brühe und Öl gesotten mit Selleriesamen, ziehe es ab (Schuch schreibt hier: ovis obligabis = ziehe es mit Eiern ab), streue Pfeffer darüber und trage es auf.

78. Auf andere Art.

Gurken, Pfeffer, Polei, Honig oder Rosinenwein, Brühe und Essig, indessen fügt man auch Laser hinzu.

79. Pegonen-Melonengurken

werden auf dieselbe Weise zubereitet.

80. Malven, die kleine Art.[1]

Malven min. in Weinbrühe, Brühe, Öl und Essig. Malven maj. in Weinbrühe, Pfeffer, Brühe und in Rosinenwein.

81. Sprossenkohl (Blumenkohl?) und Kohlstengel.[2]

Kümmel, Salz, alten Wein und Öl, füge nach Belieben auch Pfeffer, Liebstöckel, Minze, Raute, Koriander, koche es mit Brühe, Wein und Öl.

82. Eine andere Art.

Zerschneide gesottene Kohlstauden in Hälften, reibe alle Blätter derselben mit Koriander, Zwiebel, Kümmel, Pfeffer, Rosinen- oder eingekochtem Wein und etwas Öl.

---

[1] Malven dürften wohl nur zu medizinischen Zwecken gekocht und verwendet sein, Malvas minores et majores — zwei verschiedene Arten nach Größe der Blätter. Plin. N. H. XIX [22] u. [31], XX [84].

[2] Plin. N. H. XX [35] cyma. Ders. N. H. XX [33] coliclos.

83. Auf andere Art.[1]

Gesottene Kohlstauden werden in eine Pfanne zurecht gemacht, mit Brühe und reinem Öl gewürzt, Kümmel, Pfeffer, Porree (Kümmel?) und grüner Koriander darunter geschnitten.

84. Eine andere Art.

Kohlstrünke, wie oben gewürzt, werden mit gesottenem Porree eingekocht.

85. Kohlstauden auf andere Art,

würze sie wie oben, vermische sie mit grünen Oliven und koche sie ebenso.

86. Auf andere Art.

Würze sie wie oben, mische sie mit gesottener Speltgrütze, Nüssen und Rosinen und streue Porree darüber. (Lister schließt diesen Satz mit = et uvam passam super asperges = und streue Rosinen darüber).[2]

87. Porree.

Sehr zart gewachsenen Porree koche weich in einem Gemisch von drei Fingerspitzen voll Salz, Wasser und Öl, nimm ihn, wenn er weich ist, heraus, und trage ihn auf mit Öl und reiner (bester) Brühe (vielleicht bedeutet hier mero auch »unbedeckt?«).

88. Eine andere Art.

In Blättern von Kohl eingehüllte zarte Porree backe in glühender Asche und trage sie wie oben auf.

---

[1] Schuch schreibt: colicli assati = gebratene Kohlstengel. Ferner statt: cumina - cucino = κουκίνω = Kokosmilch, s. auch N. 66.

[2] Alle diese Zubereitungen scheinen mehr diätetischen Zwecken gedient zu haben. So nach Hippocratus, Cato, Diodotus, Chrysippus, Epicharnus u. a.

89. Auf andere Art.

Auf dieselbe Weise im Kasserolle gekocht, trage sie wie oben auf.
Schuch schreibt allerdings: bafa = embama = eingetaucht (in Öl?). Ebenso die Lesart: baca et fabae = Bohnenkerne in Porreebrühe gekocht, denkbar.

90. Auf andere Art.

Wenn der Porree im Wasser weich gekocht ist, werden — meistens roh — Bohnen in dem Wasser, des besseren Wohlgeschmackes wegen, gekocht.

91. Beten, Mangold.[1]

(Die Mittelrippen des weißen Mangold wurden häufig als Spargel zubereitet. Sonst auch die Wurzeln = rote Rüben? auch von einigen Arten die Blätter, wie Spinat). Schneide Porree, nimm Koriander, Kümmel und Rosinen, tue alles mit Mehl zu einer Masse zusammen und trage es so auf mit Brühe, Öl und Essig. (Wo sind aber die Beten?).
Schuch schreibt allerdings: uvam passam varianam statt farinam — und könnte nach Plin. = Varianische Rosinen heißen.

92. Auf andere Art.

Weichgesottene Beten werden mit Senf, ein wenig Öl und gutem Essig aufgetragen.

93. Olusatrum = Olisatra — Pferdesilie.[2]

Eine Handvoll werden in Brühe und mit reinem Öl aufgetragen; auch zu gebratenen Fischen.

94. Rüben, auch Steckrüben[3]

werden weich gekocht und ausgedrückt; dann reibe eine große Menge Kümmel, ein wenig Raute, Parthischen Laser

---

[1] betae. Plin. N. H. XIX ^{31}, ^{49}.
[2] Plin. XIX ^{48} XX ^{46}.
[3] Plin. XIX ^{54} XVIII ^{10}, ^{34}.

(nach Schuch: particam = einen Teil) Honig, Essig, Brühe, eingekochten Most und ein wenig Öl, mache es kochend und trage es auf.

95. Rüben und Steckrüben

siede weich und trage sie auf, beträufele sie mit Öl und, wenn du willst, füge auch Essig hinzu.

96. Rettich[1])

gepfeffert, auch mit Pfeffer in Brühe gerieben.

97. Weiches Kraut[2])

wird mit Olusatrum (Pferdesilie) in Sodawasser gekocht, ausgedrückt und klein geschnitten; reibe Pfeffer, Liebstöckel, trockenen Saturei mit trocknen Zwiebeln,[3]) füge Brühe, Wein und Öl hinzu.

98. Auf andere Art.[4])

Koche Apium (Sellerie) in Sodawasser weich, drücke es aus und schneide es klein; reibe im Mörser Pfeffer, Liebstöckel, Thymian und Zwiebeln mit Brühe, Wein und Öl, koche es in einem Topfe[5]) und vermische es so mit dem Sellerie.

99. Auf andere Art.

Blätter des Gartensalat[6]) und die Strünke[7]) (Stauden, Stengel) werden in Sodawasser gekockt, ausgedrückt und klein geschnitten; reibe im Mörser Pfeffer, Liebstöckel, Selleriesamen, trockene Minze und Zwiebel, mische es mit Wein, Öl und Brühe.

---

[1]) Plin. XIX [26] raphani.
[2]) Plin. XIX [41] olus molle.
[3]) cepa sicca — Plin. XIX [32], die wegen ihres milderen Geschmackes der frischen Zwiebel vorgezogen wurde.
[4]) apium. Plin. XX [44].
[5]) pultarium = Brei- oder Mustopf.
[6]) lactuca — Plin. XIX [38].
[7]) cepis - caepis - scapis Plin. XXVI [52] (Portulak).

100. Daß weiches Kraut nicht sauer wird,

(einige Lesarten lauten ne arescat — nicht eintrocknet) wird alles gereinigt, was abgeschnitten ist, die Strünke in Wasser geweicht und mit Absinth bedeckt.

101. Feldkräuter (Gemüse).

Koche sie in Brühe, Öl und Essig (a manu — roh und frisch) mische sie in einem Kochgeschirr mit Pfeffer, Kümmel und Mastixbeeren.[1)]

102. Nesseln.[2)]

Die weibliche Nessel soll, wenn die Sonne im Widder steht, gegen Krankheiten gute Dienste erweisen.

103. Endivien- und Garten-Salat.[3)]

Tue die Endivien in Brühe und ein wenig Öl, schneide ein wenig Zwiebel hinzu; zu eigentlicher (gewöhnlicher) Endivie; Herbst-Endivie tauche in Honig und Essig (Lister). Schuch dagegen schreibt: Endivie wird gegessen mit Brühe, etwas Öl und geschnittener Zwiebel für die Zeit der Frühjahrswende. Winter-Endivie in Honig getaucht und mit scharfem Essig.

104. Gartensalat,

in scharfen, durchdringenden Essig und etwas Brühe; führt zur Verdauung und Leibesöffnung.

105. Wie der Salat nicht schadet.

2 Unzen Kümmel, 1 Unze Ingber, 1 Unze grüne Raute, 12 Scrupulos fleischige Datteln, 1 Unze Pfeffer, 9 Unzen Honig, auch etwas Äthyogischen, Syrischen oder Lybischen Kümmel — stoße den Kümmel und gieße ihn in Essig; — wenn er eingekocht ist, mische alles mit Honig, wenn es

---

[1)] lentisci eine mastixartige Pflanze. Plin. XII 56.
[2)] urtica = urens femina = die weibliche Nessel. Plin. XXI 55 und XXII 15.
[3)] intuba — Plin. XIX 39.

nötig sein wird, mit einem halben Löffel Essig und etwas Brühe und danach nimm die Speise halblöffelweise.

106. Kardonen (Artischocken?)[1]

in Öl, Brühe und mit geschnittenen (gekochten) Eiern garniert. Auf andere Art: Raute, Minze, Koriander, Fenchel, alles grün, zerreibe, füge Pfeffer, Liebstöckel, Honig, Brühe und Öl hinzu. Auf andere Art: Dieselben werden weich gekocht mit Pfeffer, Kümmel, Brühe und Öl gegeben.

107. Pfefferlinge und Morcheln[2]

geröstet mit einfacher Weinbrühe. Auf andere Art: Siede die Pilze in Salzwasser, mische nur mit Öl, geschnittenem grünen Koriander und ganzem Pfeffer.

108. Auf andere Art.

Ziehe die gekochten Pilze wie unten beschrieben mit Kraftmehl ab. Selleriesamen, Raute, Honig und Pfeffer reibe, füge Rosinenwein, Brühe und etwas Öl zu, ziehe es mit Kraftmehl ab, bestreue es mit Pfeffer und trage es auf.

109. Auf andere Art.

Reibe Kümmel und Raute, füge Brühe, etwas eingekochten Wein, Öl, grünen Koriander und Porree hinzu; trage die Pilze auf (als Soße, Sulze?)[3] gesalzen.

110. Auf andere Art.

Gekochte Pilze laß nicht hart werden,[4] tue sie in ein Geschirr mit Öl, Brühe und Pfeffer, färbe sie mit eingekochtem Most und ziehe sie ab.

---

[1] cardui — Plin. XIX ^{43}, XX ^{99} und XXI ^{56}.
[2] spongioli — Plin. XXII ^{47}.
[3] salsa vel salsum, französisch = sauce, deutsch = Soße, Sulze.
[4] praedurabis = emolescunt = daß sie weich werden, denn Pilze werden durch langes Kochen wieder hart; vergleiche Eier-Kochen. Dieser Satz N. III fehlt im Lister, Hummelberg usw.

111. Auf andere Art.

Fülle Pilze mit Brühe und Öl auf, brate sie mit Öl und Salz, streue Pfeffer darüber und trage sie auf.

112. Auf andere Art.

Von den Pilzen entferne die Stränge und Stengel (die harten Stiele usw.), dann koche Speltgraupen mit ihnen und verreibe sie mit Eiern, Brühe und Pfeffer.[1]) Um Würste davon zu bereiten, fülle sie mit Pinienkernen und Pfeffer in eine Netzhaut (Darm), brate sie, tauche sie in Weinbrühe und trage sie als Würste auf.

113. Karotten, auch Pastinaken

werden geröstet und mit Weinbrühe aufgetragen.

114. Auf andere Art.

Die Karotten gesalzen in reinem Öl und Essig (als Salat?)

115. Auf andere Art.

Die geschnittenen, gesottenen[2]) Karotten werden in Kümmelbrühe in ein wenig Öl gekocht und aufgetragen; am besten in gefärbter Kümmelbrühe.

IV. Buch.

Pandectes = Allerlei.

116. Salacacabia — Sala cottabia

= Gesalzene, gekochte = in Salz gekochte Speisen (Sülzen?). Pfeffer, Minze, Sellerie, frischen Polei, Käse,[3]) Pinienkerne, Honig, Essig, Brühe, Eigelb, frischem Wasser mit in Essig-

---

[1]) cf. No. 42.
[2]) elixas = gesotten ist in unserem Sinne als »blanchiert« zu betrachten, zum Unterschiede von coquere = kochen.
[3]) Schuch schreibt casiam = statt caseum.

wasser eingeweichtem und ausgedrücktem Brote; Kuhkäse und Gurken werden in ein Geschirr eingerichtet, abwechselnd mit Pinienkernen, klein geschnittener Zwiebel und Hühnerstückchen, mit Jus (dem eigenen Sud) übergossen und aufgesetzt.

117. Apicianische Sülze.

Tue in den Mörser Selleriesamen, frischen Polei, frische Minse, Ingber, grünen Koriander, ausgekernte Rosinen, Honig, Essig, Öl und Wein und reibe alles; tue in ein Kasserolle in drei Teile zerstückeltes Picentiner Brot,[1]) lege fleischige Stücke jungen Geflügels dazwischen, ferner Bröschen (von Kalb oder Ziege), Vestinischen Käse, Pinienkerne, Gurken, klein geschnittene, frische Zwiebeln und übergieße es mit Sud. Das Ganze wird in Schnee eingegraben und der Rand (vom Geschirr) damit überstreut und aufgetragen.

118. Eine andere Sülze.

Die Krume Alexandrinischen Brotes weiche in Essigwasser ein, tue es in einen Mörser mit Pfeffer, Minze, Knoblauch, grünem Koriander, Kuhkäse, würze es mit Salz, Wasser und Öl, gieße Wein darüber und trage es auf.

119. Geringere Sülze.

Richte verschiedene, gesottene Kräuter ein und lege junges Hähnchen dazwischen oder was du willst; würze es mit Brühe und Öl und laß es kochen; reibe Pfeffer und ein (Narden-)blatt und mit dieser Masse mische Eier und presse es.

Eine andere Mischung, woraus Sülze gegossen wird: Reibe ebenfalls soviel Nardenblatt mit Kerbel,[2]) ein und ein viertel Teil Lorbeerbeeren und etwas gesottenen Kohl, Korianderblätter und den aufgelösten Saft davon, dämpfe

---

[1]) Picentinisches Brot, nach Plinius besonders berühmt.
[2]) cerefolium = caerefolium = carophyllum = Gewürznelke?

es in glühender Asche und garniere es; nachdem du die Würze in ein Gefäß gegossen hast, trage es auf.[1]

120. Gegossene Sülze.

Gekochte Malven, Porree, Rüben, Gemüsestengel,[2] Krammetsvögel, auch ausgebeintes Huhn, auch sonstige Leckerbissen vom Schwein oder Hähnchen und anderes, was gerade zu haben ist, kannst du verwenden und verschiedentlich zusammensetzen. Reibe Pfeffer, Liebstöckel mit altem Wein, 2 Gewichtsteile,[3] ein Gewichtsteil Brühe, ein Gewichtsteil Honig und ein gleiches Gewichtsteil Öl; nachdem alles gehörig zubereitet und gemischt ist, tue es in eine Pfanne und erhitze es ein wenig, dann füge, bevor es kocht, Milch und ein mit Milch vermischtes Ei hinzu. Sobald sich die Speise gebunden hat, trage sie auf.

121. Fischschüsseln, Gemüseschüsseln und Obstschüsseln (Pasteten, Ragouts?).

Gewöhnliche, alltägliche Schüssel. Rühre gesottenes Hirn mit Pfeffer, Kümmel, Laser, Brühe, eingesottenem Wein mit Milch und Eier auf schwachem Feuer, oder auch lasse es im Heißwasserbade[4] ziehen.

122. Bewegliche Schüssel (Gallerte, Gelee?).

Hasel- und Walnußkerne röste, reibe sie mit Honig, Pfeffer, Brühe, Eier, Milch und etwas Öl.

123. Eine andere Art.

Die Stengel von Gartensalat reibe mit Pfeffer, Brühe, eingesottenem Wein, Wasser und Öl, koche es, ziehe es mit Eiern ab, streue Pfeffer darüber und trage es auf.

---

[1] in vasculo = Soßennapf?
[2] coliclos = Kohlstengel, Kohlstrünke?
[3] pondo = Gewichtsteil = 1 Pfund?
[4] aqua calida = Heiß-Wasser = Bain marie?

124. Gegossene Platte.[1]

Nimm gut gereinigtes Kraut, wasche es, koche es, dann laß es erkalten und dörre[2] es. Dann nimm 4 abgehäutete Kalbshirne und koche sie. Tue in einen Mörser 6 Scrupulos Pfeffer, gieße Brühe zu, reibe es, nachdem tue wieder Kalbshirn zu, reibe es wiederum, füge auch unter fortwährendem Reiben Kräuter zu, nachher schlage 8 Eier auf, tue ein Weinglas voll Brühe, ein Weinglas voll Wein, ein Glas voll Rosinenwein hinzu, schmecke ebenso das Zerriebene ab; streiche eine Form (Pfanne) aus (tue die Mischung hinein), setze es in eine Wärmröhre; nachdem es gekocht sein wird, streue Pfeffer darüber und trage es auf.

125. Platte mit kaltem Spargel.

Spargel auf kalte Art. Nimm gereinigten Spargel, reibe ihn im Mörser, gieße Wasser zu und streiche ihn durch einen Durchschlag. Füge zubereitete Feigenschnepfen zu. Reibe im Mörser 6 Scrupulos Pfeffer, tue Brühe zu, dann 1 Glas Wein, 1 Glas Rosinenwein, 3 Unzen Öl, tue es in ein Kasserolle, erhitze es dann und streiche eine Pfanne aus; in dieselbe tue 6 Eier mit Weinbrühe gemischt; mit dem Brei des Spargel gemischt, setze es in glühende Asche; mische es mit dem oben angegebenen, dann tue die Feigenschnepfen hinzu, koche es, streue Pfeffer darüber und richte es an.

126. Dasselbe auf andere Art.

In einen Mörser tue die zurecht geschnittenen Spargel, reibe sie, füge Wein hinzu und streiche sie durch. Reibe Pfeffer, Liebstöckel, grünen Koriander, Saturei und Zwiebel mit Wein, Brühe und Öl; tue die Masse in eine ausgestrichene Pfanne und wenn du willst, tue noch 6 geschlagene Eier hinzu, soviel als nötig sind, streue etwas Pfeffer darüber.

---

[1] Patina frisilis — frictilis = fusilis = welche Lesart die richtige ist, ist unentschieden.
[2] Schuch schreibt: restringues = ringe, drücke es aus.

127. Platte mit Feldfrüchten,

auch Thymian,[1]) auch grünen Senf, oder Gurken, oder Kohl mache ebenso wie die Spargelspeise. Nach Belieben kannst du auch Fischstücke oder Hühnerstücke unterlegen.

128. Platte mit Holunder (Flieder), warm oder kalt.

Nimm Holunderbeeren gereinigt, in Wasser eingekocht und schlage die Masse durch ein Sieb; streiche eine Pfanne aus und richte darin ein: 6 Scrupulos Pfeffer, gieße Brühe unter und verrühre es, nachdem füge ein Glas Brühe, ein Glas Wein und ein Glas Rosinenwein zu, verrühre alles, tue in die Pfanne 4 Unzen Öl und stelle es in die Wärmröhre, mache daß es zieht, füge 6 geschlagene Eier zu, schmecke alles ab, streue Pfeffer darüber und richte es an.

129. Rosen-Platte.[2])

Nimm entblätterte Rosen, die weißen Blätter werden weggenommen, tue sie in den Mörser, füge Brühe zu und reibe es; dann tue $1/_2$ Weinglas Brühe zu und streiche es durch einen Durchschlag. Nimm 4 Kalbs- (Schweins-) Hirn, reibe 8 Scrupulos Pfeffer zu der Masse; dann nimm 8 Eier, $1/_2$ Glas Wein, ein Glas Rosinenwein und etwas Öl. Streiche eine Pfanne aus und setze es in glühende Asche, füge alles vorher angegebene hinzu, damit es in der Hitze (Wärmröhre) gar wird, streue Pfeffer darüber und trage es auf.

130. Gurken-Platte.

Gesottene und zerkleinerte Gurken tue in eine Pfanne, füge Kümmelbrühe und noch etwas Öl zu, laß es sieden und trage auf.

---

[1]) Schuch schreibt tamnis = wilder Wein statt cymis-cuminis = Kümmel bei Lister. Torinus dagegen hat thymis.
[2]) Schuch hat toris statt rosis.

131. Sardellen-Platte.[1]

Wasche den Fisch, weiche ihn in Öl und richte ihn in einem irdenen Geschirr ein; füge Öl, Brühe und Wein zu. Binde Büschel[2] von Raute und Majoran, koche sie mit dem Fisch, wirf die Büschel weg, streue Pfeffer darüber und richte an.

132. Sardellen-Platte auf falsche Art.

Fleischige Fischstücke brate oder siede schnell, fülle sie so reichlich als du kannst in eine Kasserolle; reibe Pfeffer und etwas Raute, fülle soviel Brühe auf, daß es genug ist, etwas Öl, mische es mit den Fischstücken in die Kasserolle, füge rohe Eier hinzu, daß es eine Masse bildet, tue behutsam Meernessel dazu, ohne sie mit der Masse zu verrühren; tue es ins Wasserbad, daß es mit den Eiern kocht und gar wird, füge geriebenen Pfeffer zu und trage es auf. Niemand kann die Speise schätzen, wer sie nicht selbst ißt.

133. Milch-Platte.[3]

Weiche Pinienkerne ein, trockne sie, wiederhole es bis sie zum Gebrauch fertig sind (d. h. schön weiß sind). Nimm eine Kasserolle, in dieselbe richte einzeln folgende Sachen ein: Die Mittelstücke von Malven und Beten, reifem Porree, Sellerie, weiches, grün gesottenes Kraut (Spinat?), zerstückeltes, im eigenen Safte gekochtes Huhn, gekochtes Hirn, Knackwürste, halbgeschnittene, hartgekochte Eier, Schweinefülsel in Terentinischer Brühe gekocht und geschnitten, Hühnerstückchen, in Stücken zerpflückten Asellum,[4] Austern und abwechselnd frischen Käse; dann streue Pinienkerne und Pfeffer darunter und übergieße es mit

---

[1] apua = aphya = kleiner sardellenähnlicher Fisch.
[2] fasciculos = Bündel, unser Bukett. Zu solchem scheint auch (s. w. u.) mit Vorliebe Porree und Koriander verbunden gewesen zu sein.
[3] Schuch schreibt: recentes imbre paratos habebis = die frischen wirst du in Regenwasser bereitet haben.
[4] asellum = delikater Seefisch = Haddock, Seenessel.

dem eigenen Fond. Pfeffer, Liebstöckel, Selleriesamen und Laser koche, wenn es darin gekocht hat, seihe Milch darüber, mische es mit rohen Eiern, daß es eine Masse bildet, laß es im Wasserbade steif werden. Wenn alles gekocht ist, streue frische Muscheln[1]) und Pfeffer darüber und trage es auf.

134. Apicianische Platte.

Zerkleinere gekochtes Euter, Fischstückchen, Hühnerstückchen oder die gar gemachten Brüste der Drossel und des Feigenfressers und was sonst das Beste ist. Schneide alles recht sorgfältig vorher wegen des Feigenfressers (dessen Fleisch sehr weich und zart ist), die rohen Eier aber löse in Öl auf; reibe Pfeffer und Liebstöckel und übergieße es mit Brühe, Wein und Rosinenwein, tue es in ein Kochgeschirr; damit es sämig wird ziehe es mit Kraftmehl ab, nachdem du zuvor alle Stücke gleichmäßig geschnitten hast, laß es kochen; hat alles gekocht, nimm es weg (ab igne = vom Feuer?) mit seinem Safte (Fond), von dem du eine Kelle voll in ein anderes Kochgeschirr zurückgießt mit ganzem Pfeffer und Pinienkernen; dann rolle einen Teig[2]) in einzelne Lagen, fülle sie mit Kellen voll des Ragouts, eine Lage aber rolle zu einer dünnen Platte aus und decke sie darüber und streue Pfeffer darüber, zuvor jedoch füge jene Fleischstücke und geschlagenen Eier hinzu, dann die Fülle und tue es auf eine Platte. Zu diesem Zwecke dürfte sich eine silberne Platte gut eignen, worauf es sich am besten ausnimmt.

135. Gewöhnliche, alltägliche Platte.[3])

Zerkleinere gesottenes Euter, gekochte Fischstücke, gekochte Hühnerstücke und schneide alles sorgfältig. Nimm

---

[1] echinos = Muschel, Meerigel.
[2] laganum — ein gewisses aus Mehl und andern Dingen bereitetes Gericht, auch der Teig desselben.
Der ganzen Beschreibung nach stellt dieses Gericht eine Teig-Pastete vor.
[3] Schuch schreibt Patina catillana = castellana = Kastellartige Platte.

eine silberne Platte; schlage in eine Kasserolle Eier und löse sie auf; in einen Mörser tue Pfeffer, Liebstöckel und Majoran, reibe es, gieße Brühe, Wein, Rosinenwein und etwas Öl zu, tue es gleichfalls in die Kasserolle und laß es kochen, dann ziehe es mit Kraftmehl ab; die Fleischstücke aber, die du zuvor zerschnitten hast, tue in den Fond; breite eine Lage des Teiges auf die silberne Platte tue einen vollen Schöpflöffel voll Fleischstücken darauf, streue Öl darüber, fahre fort eine Lage über die andere zu legen, so lange du kannt, füge den Rest der Füllung hinzu; eine Lage aber rolle zu einer Platte aus, forme von dem übrig bleibenden Teige eine runde Platte, tue das übrig bleibende (Ragout?) dazu, streue Pfeffer darüber und trage es auf.

Schuch dagegen schreibt den letzten Satz: a superficie versas indusium, super focum pones etc. — wonach es lauten müßte: ziehe ein Oberkleid als Deckel darüber, stelle es auf den Herd usw., welche Lesart ebenso gut denkbar ist.

136. Bewegliche, auch süße Platte (Crême?).

Pinienkerne, gereinigte und gestoßene Nüsse werden geröstet, reibe sie mit Honig, Pfeffer, Brühe, Milch und Eiern, ein wenig reinem Wein[1]) und etwas Öl.

137. Platte mit Käse und gesalzenem Fisch,[2])

hauptsächlich aus gesalzenem Fisch hergestellt; koche in Öl, blanchiertes und gut gereinigtes Hirn, Fischstücke, Hühnerstücke, harte Eier und warm gemachten weichen Käse; mache alles auf der Platte heiß; reibe Pfeffer, Liebstöckel,

---

[1]) Nach anderer Lesart: medico melle = ein wenig Honig.
[2]) Tyrotaricha = nom. propr. aus caseata salsa = ein Gericht aus Käse und eingesalzenen Fischen; aber es ist noch mehr dazu verwendet, z. B. Eier, Gewürze usw. Überhaupt scheint dieses Gericht je nach dem Geschmacke und der Aufwendung verschiedener sehr verschieden gewesen zu sein. Der gesalzene Fisch scheint aber die Grundlage gebildet zu haben.

Majoran, Samenkapseln der Raute, Wein, Met und Öl, stelle die Platte auf gelindes Feuer, daß es kocht (gar wird), füge rohe Eier zu, laß es kochen (ziehen?), streue zuletzt Kümmel über und trage es auf.

138. Fisch-Platte mit Stör (Kaninchenfisch?).

Den Fisch enthäute und entgräte und schneide ihn klein; reibe Pfeffer, Liebstöckel, Majoran, Petersilie, Koriander, Kümmel, Rautenkapseln, trockene Minze, das Fleisch des Fisches selbst, woraus Wurst gebildet wird, koche es in Wein, Brühe und Öl; stelle es zum Kochen an den rechten Ort, daß es im eigenen Safte schmort; weiter tue auf die Platte Pfeffer, Liebstöckel, Saturei, Zwiebel, Wein, Essig (auch Brühe nach Bedarf) und Öl; wenn es kocht, ziehe es mit Eiern ab, streue Pfeffer darüber und trage es auf. (Das zuletzt auf der Platte oder in der Pfanne Gekochte wurde jedenfalls durchgeseiht über die Masse auf der Platte gegossen und dann zum Garwerden ins Wasserbad oder in glühende Asche gestellt).

139. Kräuter-Platte.

Die Gemüse oder Kräuter in Sodawasser abgewellt, ausgedrückt, in eine Kasserolle getan. Reibe Pfeffer, Liebstöckel, Koriander, Saturei, Zwiebel, Wein, Brühe, Essig und Öl, tue es zu dem andern in die Kasserolle zum Kochen, ziehe es mit Kraftmehl ab, streue Thymian, klaren Pfeffer oder sonstige passende Kräuter darüber und trage es auf. (Auch kann der letzte Satz heißen: Auch allerarten andre Kräuter kannst du so wie oben herstellen.)

140. Platte mit geröstetem Apua.

Den Fisch (apua = Sardelle) wasche, reibe und mische ihn mit Eiern, füge Brühe, Wein und Öl hinzu und laß es kochen, dann tue den Fisch hinzu, laß ihn darin ziehen, wende ihn vorsichtig, färbe mit einfacher Weinbrühe, streue Pfeffer darüber und trage es auf.

141. Platte mit Lacertis[1] (Seefisch) und Hirn.

Rühre harte Eier (nach Schuch: ova dua = 2 Eier) mit blanchiertem Hirn und gekochten Hühnermagen (auch Leber, Herz = gigeria) glatt, alles im Verhältnis zum Fisch, setze es vorher gut gemischt mit ein wenig Salzlake zu; reibe Pfeffer und Liebstöckel, gieße Rosinenwein zu oder Met, daß es angenehm schmeckt, gieße gepfefferte Brühe in die Pfanne, laß es kochen; nachdem es gekocht hat, rühre es mit Zweigen[2] der Raute und ziehe es mit Kraftmehl ab.

142. Platte mit See- oder Rotbarbe

gehörig gesalzen. Schuppe die Barbe, tue sie in eine saubere Pfanne, füge Brühe zu, daß es kocht, wenn es gekocht hat, tue noch Met oder Rosinenwein daran, überstreue es mit Pfeffer und richte es an.

143. Platte mit Fischen,

gehörig gesalzen. Fische irgendwelcher Art, sauber gereinigt und geröstet richte in eine Pfanne ein, füge genug Öl hinzu, streue Salz dazwischen, laß es kochen, wenn es gekocht hat, füge noch Met hinzu und mit dem Fond durchziehen.

144. Fisch-Platte.

Zu Fischen irgendwelcher Art, sauber geschuppt, füge geschnittene, trockene Askalonische Zwiebeln, oder einer andern Art in eine Pfanne und ordne die Fische darüber an; füge Brühe und Öl zu bis es kocht, wenn es gekocht hat, tue Salzlake zur Hälfte unter Zutun von Essig daran und bestreue es mit echtem Saturei.[3]

---

[1] lacertus vlg. lacerta. Plin. XXXII 53.
[2] ramo rutae agitalas — es könnte auch rutabulum rutae Schlagrute aus Zweigen der Raute gemeint sein, was wohl angenommen werden kann.
[3] coronam lies cumilam bubulam = echter Saturei, echte Thymbra. Plin. XX 61.

145. Lucretianische Platte.[1]

Pallacanas-Zwiebeln reinige, das Grüne derselben entferne, schneide sie in die Pfanne, füge Brühe, Öl und Wasser zu, während es kocht, tue auch rohes Salz im richtigen Verhältnis daran. Während es so mit dem Salze beinahe kocht, streue löffelweise Honig daran und ein wenig Essig und eingekochten Most, koste es, wenn es unschmackhaft (hier wohl — nicht wohlschmeckend) ist, füge noch Brühe zu, wenn es zu salzig ist, etwas Honig, bestreue es mit echtem Saturei, daß es kocht.

146. Platte mit Lacertusfisch.

Den Fisch schuppe und wasche, mische aufgeschlagene Eier mit demselben (bestreiche den Fisch damit), füge Brühe, Wein und Öl zu, laß ihn kochen, wenn er gekocht hat, gieße einfache Weinbrühe zu, streue Pfeffer darüber und richte ihn an.

147. Platte mit Fischen[2] in ihrer Brühe.

Tue rohe, beliebige Fische in die Pfanne, füge Öl, Brühe und eingekochten Wein sowie ein Bukett Porree und Koriander hinzu; während es kocht, reibe Pfeffer, Liebstöckel und ein Bündchen Majoran, reibe es für sich allein, gieße Fischsud[3] unter, löse rohe Eier auf, schmecke es ab, leere es in die Pfanne, bereite es richtig zu, indem du es verdünnst, streue Pfeffer darüber und richte es an.

148. Platte mit Seezungen.

Die Seezunge schlage (um sie mürbe zu machen) und richte sie gehörig auf einer Platte an, füge Öl, Brühe und Wein zu, damit koche sie; reibe Pfeffer, Liebstöckel und

---

[1] Lucretius Epicuraeus, Zeitgenosse des Cicero.
[2] Zomote ganite = eine Schüssel Fische, die in ihrer Brühe gekocht sind.
[3] jus de suo sibi = der Fond, der Saft, die Brühe, der Sud, in welchem Fisch oder Fleisch gesotten sind.

Majoran, gieße Fischsud und rohe Eier zu und bilde daraus eine Masse; überstreiche die Seezunge damit, tue sie auf schwaches Feuer, damit sie zieht, streue Pfeffer darüber und richte sie an.

149. Fisch-Platte.

(In einer Mischung von): einer Unze Pfeffer, $^1/_2$ Liter gesottenen Wein,[1]) $^1/_2$ Liter gewürzten Wein[2]) und 2 Unzen Öl (koche den Fisch).

150. Platte mit kleinen Fischen.

Rosinen, Pfeffer, Liebstöckel, Majoran, Zwiebeln, Wein, Brühe und Öl tue in eine flache Pfanne; wenn es gekocht hat, füge die gekochten kleinen Fischchen selbst dazu, ziehe es mit Kraftmehl ab und trage es auf.

151. Platte mit Zahnbrasse, Goldbrasse und Meeräsche.

Nimm die zubereiteten und angebratenen Fische, pflücke[3]) sie darauf in Stücke, dann bereite Austern. Reibe im Mörser 6 Scrupulos[4]) Pfeffer, füge Brühe zu und verreibe es, dann tue ein Weinglas[5]) Brühe und ein Weinglas voll Wein daran; tue in eine Kasserolle 3 Unzen Öl, die Austern und laß es mit Weinbrühe sieden; wenn es gesiedet hat, bestreiche die Platte und tue wie oben beschrieben, die Fischstücke darauf sowie den Austernfond; laß es kochen, wenn es gekocht hat, schlage 40 Eier[6]) aus, gieße sie über die Austern, daß sie durchziehen, streue Pfeffer darüber und richte an.

152. Platte mit Meerwolf (Seehecht?).

Reibe Pfeffer, Kümmel, Petersilie, Raute und Zwiebel mit Honig, Brühe, Rosinenwein und tropfenweise Öl (und koche den Fisch darin).

---

[1]) hemina = ca. $^1/_2$ Liter.
[2]) conditum sc. vinum = aromatischer Wein.
[3]) Schuch schreibt: in pulpam carpeas = in Karpfenstücke.
[4]) scrupulus = 1,20 Gramm.
[5]) cyathus = 0,044 Liter.
[6]) Schuch hat hier ova XI — also nur 11 Eier.

153. Drachenkopf mit kleinen Rüben.[1]

Koche den Fisch in Brühe und Öl und wenn er halb gekocht ist, nimm ihn heraus. Blanchiere Rüben, schneide sie in kleinste Stücke, drücke sie mit den Händen aus, so daß sie keine Feuchtigkeit mehr abgeben, mische sie mit dem Fische und laß sie mit reichlich Öl kochen und während es kocht, reibe Kümmel, die Hälfte davon Lorbeerbeeren, füge zum Färben etwas Safran zu, ziehe es mit Reismehl ab, um es sämig zu machen, tue noch ein wenig Essig daran und trage es auf.

154. Geröstete Fische.

Alle derartigen Fische mache so: Reibe Pfeffer, Koriandersamen, Laserwurzel, Majoran, Raute, Feigendatteln, untergieße es mit Essig, Öl und Brühe, und eingekochten Most; das alles schmecke ab, tue es in eine kleine Kasserolle und laß es sieden; während es aufsiedet, füge es jenen Fischen zu, überstreue es mit Pfeffer und richte es an.

155. Dieselben Fische auf andere Art.

Reibe Pfeffer, Liebstöckel, Lorbeerbeeren und Koriander, mische es mit Honig, Wein und Rosinenwein, oder auch eingesottenem Wein, koche es bei gelindem Feuer, ziehe es mit Reismehl ab und trage es auf.

156. Gebratene Fische.

Reibe Pfeffer, Liebstöckel, Saturei, trockene Zwiebel, gieße Essig unter, füge Feigendatteln, Dill, Eigelb, Honig, Essig, Brühe, Öl und eingekochten Most hinzu; das alles mische gehörig zu einer Masse zusammen (und koche den Fisch damit).

157. Fisch in Ölbrühe.

Brate die Fische; reibe Pfeffer, Liebstöckel, Raute, grüne Kräuter, trockene Zwiebel, füge Ölbrühe zu und trage es auf.

---

[1] Diese Nummer fehlt bei Lister; ebenso die Nummern 154 bis inkl. 165.

158. Sardas — Thunfischart

mache so: Reibe Pfeffer, Liebstöckelsamen, Majoran, trockene Zwiebel, das Gelbe von hartgekochten Eiern, Essig und Öl, mische es gehörig zu einer Masse und gieße es unter (den Fisch).

159. Dieselben Fische in Ölbrühe.

Wasche rohe Fische, von welchen du gerade hast, ordne sie in die Pfanne, tue Öl, Brühe, Wein, ein Porreebündchen und Koriander dazu; dann wird es gekocht; reibe Pfeffer, Majoran, Liebstöckel und die ausgezogenen Porreebündchen, schütte die Masse zu der Füllung in die Pfanne, laß es ziehen; wenn es gut gezogen hat, pfeffere es und richte es an.

160. Seebarbe mit Dill

mache so: Schuppe die Fische, wasche sie und tue sie in die Pfanne, füge Öl, Brühe, Wein, Porreebündchen und Koriander zu und laß es kochen. Reibe im Mörser Pfeffer mit Öl, einem Teil Essig und Wein, schmecke es mit Rosinenwein ab; überführe es in eine Kasserolle, setze es an, daß es kocht, ziehe es mit Kraftmehl ab, gieße es zum Fisch in die Pfanne und streue Pfeffer darüber.

161. Seebarbe auf andere Art.

Schuppe und wasche sie, ordne sie in eine Pfanne, füge Öl, Brühe, Wein, Porreebündchen und Koriander zu und laß es kochen. Reibe Pfeffer, Liebstöckel, Majoran, etwas von dem Fischsud und Wein und schmecke es mit Rosinenwein ab, tue es in eine Kasserolle, setze es zu, daß es kocht. Ziehe es mit Kraftmehl ab, gieße es auf die Platte, streue Pfeffer darüber und richte es an.

162. Muräne, Aal und Seebarbe.

Reinige die Fische und ordne sie sorgfältig in die Pfanne. Tue in den Mörser Pfeffer, Liebstöckel, Majoran, Minze,

trockene Zwiebel, gieße ein kleines Maß Wein, die Hälfte
Brühe, den dritten Teil Honig und ein wenig eingekochten
Most daran. Damit es brodelt, tue es in die Kasserolle.
Sollte es nicht genug Brühe sein, so fülle noch anderen
Sud auf.

163. Langusten und Squillen (Seekrebs).

Reibe Pfeffer, Liebstöckel, Selleriesamen, gieße Essig und
Brühe und Eigelb zu, mische es zu einer Masse, übergieße
(die Seekrebse) damit und richte es an.

164. Gesottene Fische.

Reibe Pfeffer, Liebstöckel, Selleriesamen und Majoran,
gieße Essig zu, füge Pinienkerne und Datteln[1]) bei, daß
es genug ist, noch Honig, Essig und Brühe. Schmecke
es ab und gebrauche es.

165. Platte mit Seezunge und Eiern.

Schuppe die Fische (ziehe die Haut ab), reinige sie und
ordne sie in eine Pfanne, füge Brühe, Öl, Wein, ein
Bündchen Porree und Koriandersamen bei und laß es
kochen. Reibe ein wenig Pfeffer, Majoran, gieße Fischsud zu, ferner Wein und 10 rohe Eier, mische es zu einer
Masse, tue es über die Seezungen in der Pfanne (Platte),
rücke es an gelindes Feuer, daß es kocht und wenn es
durchzogen ist, streue Pfeffer darüber.

166. Platte mit Speierlingen (Mispeln)[2]) warm und kalt.

Die Mispeln reinige, reibe sie im Mörser und streiche sie
durch einen Durchschlag; 4 gehäutete, gekochte Hirn tue
in den Mörser und reibe sie mit 8 Scrupulos Pfeffer, gieße
Brühe zu und verreibe sie mit vorigem, füge die Mispeln
hinzu, sowie 8 Eier und ein kleines Weinglas voll Brühe.
Streiche eine reine Pfanne aus, setze sie in den Wärm-

---

[1]) carytam — Datteln, Feigendatteln, kann auch Dattelwein sein.
[2]) Sorba — Mispeln Plin. XVI [30].

ofen, nachdem du zuvor die Füllung hineingetan hast, so daß die Platte auch von unten in der Röhre heiß geworden ist, laß es ziehen, wenn es gekocht ist, streue Pfeffer darüber und trage es auf.

167. Pfirsisch-Platte.

Die noch härtlichen Pfirsiche reinige, schneide sie in Stücke, siede sie, tue sie auf eine Platte, träufele etwas Öl darüber und richte sie mit Pfeffer an.

168. Platte mit Birnen.

Blanchiere die Birnen, nimm das Innere (das Kernhaus) heraus und reibe sie mit Pfeffer, Kümmel, Honig, Rosinenwein, Brühe und ein wenig Öl, mische es mit Eiern, tue es auf die Platte, streue Pfeffer darüber und richte es an.[1]

169. Platte mit Seenessel,[2] warm und kalt.[3]

Nimm Seenesseln, wasche sie und streiche sie durch ein Sieb (die Seenessel muß vor dem Durchstreichen geschnitten werden), trockne die Masse auf der Anrichte und schneide sie; reibe Pfeffer, 10 Scrupulos, gieße Brühe unter und verreibe es; nachdem füge 2 Weinglas voll Brühe und 6 Unzen Öl bei, laß es in der Kasserolle kochen, wenn es gekocht hat, nimm es heraus, daß es abkühlt. Dann streiche eine Platte sauber aus, schlage 8 Eier zur Masse, setze es auf heiße Asche, daß es von unten Hitze hat; wenn es gekocht hat, streue klaren Pfeffer darüber und richte es an.

170. Quitten-Platte.

Die Quitten werden mit Porree, Honig, Brühe und geröstetem Öl gekocht und aufgetragen, oder in Honig gesotten.

---

[1] Daß man die Platte vor dem Servieren erst noch in die Wärmröhre stellen muß, damit die Masse gar wird, ist nicht mit angeführt.
[2] Urticae — Plin. N. H. IX ^{68}, Plin. N. H. XXXII ^{32} Seenesseln.
[3] Die Überschrift »warm und kalt« bezieht sich darauf, daß die Seenesseln zuvor gekocht, dann kalt gemacht und in anderer Form wieder gekocht wurden.

171. Klein-Ragout von Fischen oder Würsten (Farcen).
Kleinragout von Seetieren.

Tue Fische in eine Kasserolle, füge Brühe, Öl, Wein, abgebrühte Porreeknollen[1]) und Koriander, klein geschnitten, hinzu; mache kleine Fischwürstchen, die gekochten Fischstücke und gut gewaschenen Seenesseln enthaltend. Wenn dies alles gekocht haben wird, reibe Pfeffer, Liebstöckel und Majoran, gieße Brühe und Fischsud zu, tue es gleichfalls in die Kasserolle, schäume es, ziehe es ab und rühre es um; streue Pfeffer darüber und richte es an.

172. Tarentinisches Kleinragout.

Schneide in eine Kasserolle das Weiße vom Porree klein, füge Öl, Brühe, das Abgewellte (von Porree) und kleine Würstchen bei, schmecke es ab, daß es recht zart ist, mache Tarentinische Würste. Unter »Fischen« findest du deren Zubereitung. Die Soße mache so: Verreibe Pfeffer, Liebstöckel und Majoran, gieße Brühe und den eigenen Fischsud zu, schmecke es mit Wein und Rosinenwein ab, tue es in die Kasserolle, daß es siedet, schäume es, ziehe es ab, streue Pfeffer darüber und richte es an.

173. Apicianisches Kleinragout.

Öl, Brühe, Wein, Porreeknollen, Minze, Fischchen, kleine Würstchen, Hahnen-Eier (Hoden) und Schweinsdrüsen (Bröschen). Das alles wird miteinander gekocht. Reibe Pfeffer, Liebstöckel, Koriander (grünen) oder dessen Samen, gieße Brühe zu, füge etwas Honig und von dem eigenen Fond bei, schmecke es mit Wein und Honig ab, laß es sieden, wenn es kochen wird, nimm den Schaum ab, ziehe es ab und rühre es um; streue Pfeffer darüber und richte es an.

---

[1]) coctura bezieht sich ohne Zweifel auf porros und dürfte in diesem Sinne als »abgebrüht, abgewellt« bezeichnet werden, um den strengen Geschmack des rohen Porree zu mildern, wird er zuvor abgebrüht.

174. Matianisches Kleinragout.

Tue in eine Kasserolle Öl, Brühe und das Gekochte (vom Porree), schneide den Porree und Koriander; kleine Würste und gekochtes Schweins-Schulterblatt schneide mit seiner Schwarte in länglich breite Stücke, mache, daß alles gleichmäßig zur Hälfte einkocht; Matianische[1]) Äpfel, gereinigt und vom Kern befreit, tue in Stücke geschnitten hinzu; während dies kocht, reibe Pfeffer, Kümmel, grünen Koriander oder Samen, Minze und Laserwurzel, gieße Essig, Brühe, ein wenig eingekochten Most und den eigenen Fond daran, schmecke es mit ein wenig Essig ab, laß es kochen, schäume es, ziehe es ab, streue Pfeffer darüber und trage es auf.

175. Süßes Kleinragout mit Citrum.[2])

Tue in eine Kasserolle Öl, Brühe, das Gesottene von Porreeknollen und Koriander klein geschnitten, gekochtes Schweins-Schulterblatt und kleine Würstchen; während es kocht, reibe Pfeffer, Kümmel, Koriander oder den Samen, grüne Raute und Laserwurzel, gieße Essig, eingekochten Most und den eigenen Fond dazu, schmecke es mit Essig ab, laß es sieden, wenn es gesiedet hat, bohre gereinigte Gurken aus und tue sie in viereckige Stücke geschnitten in die Kasserolle; schäume es ab, ziehe es ab, bestreue es mit Pfeffer und richte es an.

176. Kleinragout von frühreifen[3]) (Früchten).

Tue in eine Kasserolle Öl, Brühe und Wein; schneide frische Askalonische Zwiebel und gekochtes Schweins-Schulterblatt in viereckige Stücke; dies alles koche; reibe

---

[1]) mala matiana = Matianische Äpfel, Plin. N. H. XV 15.
[2]) citrum nach Lister eine Gurkenart. — Nach Hummelberg cucumes citrini = Zitronengurken, jedenfalls waren es süße Gurken.
[3]) praecoqua mala, pira, persica etc. d. i. vor der Zeit reif gewordene Äpfel, Birnen, Pfirsiche usw., wodurch das Substantivum praecox entstanden zu sein scheint. — praecoqua = Aprikose?

Pfeffer, Kümmel, trockene Minze und Dill, gieße Honig, Brühe, Rosinenwein, etwas Essig und den eigenen Fond dazu, schmecke es ab und tue die ausgekernten Früchte daran, mache daß es kocht, wenn es gehörig durchgekocht ist, schäume es, ziehe es ab, streue Pfeffer darüber und richte es an.

177. **Kleinragout von Hasenleber und Lunge.**[1]

Tue in eine Kasserolle Brühe, Wein, Öl, Porreebrühe (blanchierten Porree?) und geschnittenen Koriander, kleine Würste, gekochtes Schweins-Schulterblatt, in viereckige Stücke geschnitten, tue in dasselbe Geschirr; während es kocht, reibe Pfeffer, Liebstöckel, Majoran und den eigenen Fond, schmecke es mit Wein und Rosinenwein ab, laß es kochen, wenn es gekocht hat, schäume es ab, ziehe es ab, streue Pfeffer darüber und richte es an.

178. **Kleinragout von Rosen (-Äpfeln).**[2]

Mache es auf dieselbe vorgeschriebene Art, nur füge mehr Rosinenwein hinzu.

179. **Gerstentrank oder -Saft.**[3]

Die gewaschene Gerste, welche du tags zuvor eingeweicht hast, reibe, tue sie über heißes Feuer zum Kochen, füge genug Öl, ein Bündchen Dill, trockene Zwiebel und Colocasie[4] dazu, daß es damit kocht; wegen des besseren Saftes tue grünen Koriander und Salz, gleichfalls zerrieben dazu, laß es kochen, wenn es gekocht hat, ziehe die Dillbündchen heraus und gieße die Gerste in ein anderes Geschirr, doch so, daß sie den Boden des Geschirres

---

[1] S. Buch VIII C. 8 unter Hasen.
[2] Nach Schuch mala rosea.
[3] Ptisana = tisana ein Trank aus Gerste oder auch Reis; sonst auch die enthülste Gerste selbst, Gerstengraupen, Plin. XVIII ^{14}, ^{15}, XXII ^{66}.
[4] colocasia = Agyptisches Bohnenkraut. — Plin. N. H. XXI ^{51}. summum colocasii caulis = junger Blatttrieb der Colocasie, ein in Ägypten viel verwendetes Gemüse. Siehe auch Dioscorid de materia medica.

nicht berührt, wegen des Anbrennens, seihe es durch und läutere die Flüssigkeit in die Kasserolle über die Spitzen der Colocasie; reibe Pfeffer, Liebstöckel, ein wenig grünen Polei, Kümmel und gerösteten Seselsamen,[1]) daß es gut verrührt wird, füge eingekochten Most, Essig und Brühe dazu, schütte es zurück in die Kasserolle, die Spitzen der Colocasie aber laß über gelindem Feuer sieden.

180. Tarichäischer = Gesalzener Gerstentrank.[2])

Weiche Tarichäische Gerstengraupen ein, Kichererbsen und Linsen stampfe, die Gerste reibe und siede mit den Gemüsen; wenn es gut gekocht hat, füge genug Öl zu, außerdem schneide Grünes, Porree, Koriander, Dill, Fenchel, Beten, Malven, weiche Krautstengel und tue das kleingeschnittene Grüne in eine Kasserolle, die gesottenen Krautstengel reibe mit genug Fenchelsamen, Majoran, Silphium und Liebstöckel; nachdem du es gerieben hast, schmecke es mit Brühe ab, gieße es über die Gemüse und verwende die Abschnitte und die geschnittenen Stückchen der Krautstengel.

181. Voressen — Vorgeschmacks-Gerichte.
Bewegliches Voressen.

Kleine weiße Rüben, reifen Porree, Selleriköpfe, gesottene Schnecken, Hühnermagen, Klein-Geflügel[3]) und Würste werden im eigenen Saft gebraten; streiche eine Pfanne aus, streue Malvenblätter unter und eine Kräutermischung; wenn es der Raum erlaubt, gebrauche Zwiebeln;[4]) Damascener Pflaumen, Schnecken, Würste, klein geschnittene,

---

[1]) sil = sesel = Plin. XX [18], Seselkraut.
[2]) Schuch schreibt Tis. farricam = Gerstentrank von einer besonderen Gerstenmehlart.
[3]) avicellas = Kleine Vögel als: Drosseln, Feigenfresser.
[4]) bulbi — Zwiebelgewächse im allgemeinen, so auch Hyazinthen, Tulpen usw. Plin. XX [40].

Lucanische Würste, Brühe, Öl, Wein und Essig setze zu, daß es kocht; wenn es gekocht hat, reibe Pfeffer, Liebstöckel, Ingber und ein wenig Pyrethrum,[1]) reibe es, begieße es und laß es kochen; schlage in die Pfanne einige Eier und die im Mörser zurückgebliebene Flüssigkeit, mische es und tue es gleichfalls in die Pfanne. Während es zieht, tue Weinbrühe daran, die du so machst: Reibe Pfeffer und Liebstöckel miteinander, gieße Brühe und Wein zu, schmecke es mit Rosinenwein oder süßem Wein in der Kasserolle ab; tue etwas Öl daran, laß es kochen, wenn es gekocht hat, ziehe es mit Kraftmehl ab, stürze den Inhalt der Pfanne auf eine längliche Schüssel, nachdem du zuvor die Malvenblätter entfernt hast, begieße es mit der Weinbrühe, streue Pfeffer darüber und richte es an.

182. Kräuter-Voressen.

Würze Zwiebeln (Zwiebel- oder Sellerieknollen) mit Brühe, Öl und Wein; wenn es gekocht hat, füge Schweinsleber,[2]) Hühnerkeulen und geteilte kleine Vögel hinzu, so daß alles mit den Zwiebeln kocht; wenn es gekocht hat, reibe Pfeffer und Liebstöckel, füge Brühe, Wein und Rosinenwein hinzu, daß es süß ist, gieße den eigenen Saft unter, ziehe die Zwiebeln zurück, wenn sie gekocht sind und ziehe es den letzten Augenblick ab.

183. Voressen von gefüllten Gurken.

Schäle Gurken, höhle sie aus, schneide sie in längliche Stücke und stelle sie kalt; die Füllung dazu mache so: Reibe Pfeffer, Liebstöckel und Majoran, gieße Brühe unter, reibe gekochtes Hirn; löse rohe Eier auf, tue sie hinzu, daß es eine Masse bildet; verdünne es mit Brühe, fülle die wie oben beschriebene nicht völlig weich gekochten Gurken mit der Masse, lege sie übereinander, verschließe

---

[1]) pyrethrum = dragun, Estragon. Plin.
[2]) Schuch schreibt iscinera statt jecinora porcellum.

sie mit Holzspeilen, nimm die gekochten heraus und brate sie. Mache folgende Weinbrühe: Reibe Pfeffer und Liebstöckel, gieße Brühe und Wein zu und verdünne es (schmecke es ab) mit Rosinenwein; tue etwas Öl in eine Kasserolle, laß es kochen (mit den vorigen Zutaten), wenn es gekocht hat, ziehe es mit Kraftmehl ab und übergieße die gerösteten Gurken mit der Weinbrühe; streue Pfeffer darüber und trage es auf.

184. Voressen von frühreifen Früchten.

Die hartschaligen, kleinen, frühreifen Früchte (Aprikosen, Pfirsische, Mirabellen usw.?) reinige, kerne sie aus, richte sie in eine Pfanne ein und stelle sie kalt; reibe Pfeffer, trockene Minze, gieße Brühe unter, füge Honig, Rosinenwein, Wein und Essig zu und übergieße damit die Früchte in der Kasserolle; tue ein wenig Öl zu und laß es auf gelindem Feuer kochen, wenn es kocht, ziehe es mit Kraftmehl ab, streue Pfeffer darüber und richte es an.

V. Buch.

Ospreos = Hülsenfrüchte.

185. Brei-Püree.[1]

Gereinigte Speltgraupen weiche ein und koche, wenn sie gekocht haben, tue Öl hinzu, wenn sie aufquellen, rühre sie um. Tue 2 gekochte Hirn, $1/2$ Pfund Fleisch, wie es zu Würsten verwendet wird, reibe es mit dem Hirn und tue es in die Kasserolle; reibe Pfeffer, Liebstöckel, Fenchelsamen, gieße Brühe und etwas Wein darunter, tue es in die Kasserolle über das Hirn und Fleisch. Ist es genug gekocht, mische es mit eigener Brühe. Mit diesem würze allmählich die Speltgraupen, so daß die Jus (der Fond, die Brühe) einem Safte (einer Suppe) ähnlich sieht.

---

[1] Dieses Rezept fehlt in der Listerschen Ausgabe.

186. Julianischer Brei

wird so gekocht: Reinige Speltgraupen, weiche sie ein und koche sie; wenn sie gekocht haben, tue Öl hinzu usw. wie in No. 185.

187. Brei mit Weinbrühe-Fond gekocht.

Brei mit Weinbrühe würze mit diesem Fond (von Leckerbissen) gut. Ganz ähnlich würze mit diesem Fond die gekochten Speltgraupen und tue die Leckerbissen von Schwein daran, welche mit Weinbrühe gekocht sind.

188. Mehlbrei-Klöße.[1)

½ Liter Milch und etwas Wasser tue in eine neue Kasserolle, setze es auf schwaches Feuer, daß es siedet. Drei Teigklöße trockne, brich sie in Stücke und tue sie in die Milch; damit sie nicht anbrennen, mische während des Kochens Wasser darunter, das heißt, während es noch über dem Feuer steht.

189.

Honig und Met, wenn mit der Milch vermischt, mache ebenso, doch tue noch Salz und wenig Öl dazu.[2)

190. Linsen mit Pfifferlingen oder Morcheln.

Nimm ein sauberes Geschirr, tue die Linsen hinein und koche sie. Tue in einen Mörser Pfeffer, Kümmel, Koriandersamen, Minze, Raute und Polei und verreibe es; gieße Essig unter; füge Honig, Brühe und eingekochten Most dazu, schmecke es mit Essig ab, schütte nun die gesottenen Pfifferlinge in das Geschirr, rühre sie unter und laß sie kochen; wenn es gekocht hat, ziehe es ab und tue in ein Pilzgeschirr (besonderes Gefäß zur Beigabe von Soße?) grünes Öl.

[1)] S. auch Buch VI Kap. 9 = pullum tractogalatum.
[2)] Jedenfalls eine bessere Art Klöße, weil sie statt in Milch und Wasser, in Milch und Met (Honigmet) bereitet wurden.

191. Linsen mit Maronen.

Nimm ein neues Kochgeschirr, tue sorgsam gereinigte Maronen mit Wasser und etwas Soda hinein und laß sie kochen; wenn sie gekocht sind, reibe im Mörser Pfeffer, Kümmel, Koriandersamen, Raute, Laserwurzel, Minze und Polei, gieße Essig, Honig und Brühe daran, schmecke es mit Essig ab und gieße es über die gekochten Maronen, tue noch Öl daran und laß es kochen; wenn es gut gekocht hat, rühre es um und reibe es im Mörser. Koste es, wenn noch etwas fehlt, füge es hinzu; wenn du es in die Pilzschüssel tust, füge grünes Öl dazu.

192. Auf andere Art.

Koche die Linsen und schäume sie ab, tue Porree und grünen Koriander daran; reibe Koriandersamen, Polei, Laserwurzel, Samen von Minze und Raute, gieße Essig unter, füge Honig, Brühe und Essig dazu und schmecke es mit eingekochtem Most ab; füge Öl zu, rühre es um; wenn es fertig ist, ziehe es mit Kraftmehl ab, tue frisches Öl daran, streue Pfeffer darüber und richte es an.

193. Erbsen.

Koche die Erbsen, wenn sie abgeschäumt sind, tue Porree, Koriander und Kümmel daran; reibe Pfeffer, Liebstöckel, Feldkümmel[1]) (Carve), Dill und grünes Basilikum,[2]) fülle Brühe auf, schmecke es mit Wein und Brühe ab, laß es kochen, wenn es gekocht ist, rühre es um, wenn es fertig sein wird, richte es an.

194. Erbsen mit Füllung.

Koche die Erbsen, tue Öl daran und Schweinseuter. Tue in eine Kasserolle Brühe, Porreeknollen und grünen Koriander, richte es ein, daß es kocht. Mache kleine vier-

---

[1]) careum, careotam careum = Feldkümmel, auch Carischer Kümmel, Plin. XIX [49].

[2]) ocymum — Basilienkraut, Plin. XX [48].

eckige Wurststückchen und koche sie ebenso mit Krammetsvögeln, Kleingeflügel oder geschnittenem jungen Huhn und für sich gekochtem (besonders gekochtem) Hirn in der Suppe (Brühe). Brate Lukanische Würste, siede Schinken, koche Porree in Wasser und röste $^1/_2$ Liter Pinienkerne; reibe Pfeffer, Liebstöckel, Majoran und Ingber, gieße den Fond von Euter unter und verdünne es; nimm ein eckiges Geschirr, das du umwenden kannst, bedecke es (leg es aus) mit einer Netzhaut, tue Öl daran und streue Pinienkerne darüber, tue Erbsen darüber, bedecke den Boden des viereckigen Geschirrs damit und so ordne darüber die Stücke Schinken, den Porree und die Lukanischen Würste, dann wieder Erbsen und so abwechselnd die Zutaten aller Art, so die Form füllend, dann wieder Erbsen, so daß alles Verwendung findet; koche es im Backofen oder bei gelindem Feuer, daß es bis unten duschzieht: Tue das Gelbe hartgekochter Eier in den Mörser, reibe es mit weißem Pfeffer, Nußkernen, Honig, weißem Wein und ein wenig Brühe, bring es in einem Gefäß zum Kochen; wenn es gekocht hat, stürze die Erbsen auf eine Platte und übergieße sie mit diesem Sud. Dieser Sud wird weiße Soße genannt.

195. Indische (dunkle, schwarze) Erbsen.

Koche die Erbsen. Nach dem Abschäumen tue in die Kasserolle geschälten Porree und Koriander und laß es kochen. Nimm kleine Tintenfische, welche sich ihres schwarzen Saftes wegen dazu eignen und koche sie gleichfalls; füge Öl, Brühe und Wein dazu, sowie Porrebündchen und Koriander, laß es kochen; wenn es gekocht hat, reibe Pfeffer, Majoran, Liebstöckel und ein wenig Feldkümmel, gieße von dem eigenen Sud dazu und schmecke es mit Wein und Rosinenwein ab. Schneide die Sepia (Tintenfisch) klein, tue sie zu den Erbsen, streue Pfeffer darüber.

196.

Koche Erbsen, rühre sie glatt und stelle sie kalt, doch rühre sie währenddem. Schneide Zwiebeln klein, das Weiße hartgekochter Eier, würze es mit Öl und Salz; füge etwas Essig zu, streiche das Gelbe der gekochten Eier in ein Pilzgeschirr (Soßiere?), gieße frisches Öl dazu und trage es (mit dem kalten Erbsgericht) auf.

197. Vitellianische Erbsen oder Bohnen.

(Könnte auch heißen: Erbsen oder Bohnen mit Eigelb?) Koche die Erbsen, verdünne sie; reibe Pfeffer, Liebstöckel, Ingber; tue über die Gewürze die Gelben von hartgekochten Eiern und 3 Unzen Honig, verreibe es mit Brühe, Wein und Essig; das alles tue in die Kasserolle und die Gewürze, welche du gerieben hast; füge Öl hinzu und stelle es zum Kochen hin. Würze die Erbsen, verdünne sie; sollten sie noch zu streng schmecken, tue noch Honig zu und richte sie an.

198. Auf andere Art Erbsen oder Bohnen.

Wenn die Erbsen wie oben abgeschäumt sind, reibe Brühe, Honig, Most, Kümmel, Raute, Selleriesamen, Öl und Wein, verrühre es mit gestoßenem Pfeffer und richte es mit Würsten an.

199. Auf andere Art.

Nachdem die Erbsen oder Bohnen abgeschäumt sind, würze sie mit geriebenem Parthischen Laser, Brühe und Most, gieße etwas Öl dazu und richte sie an.

200. Klug ausgesonnene falsche Erbsen.[1]

Koche Erbsen, tue Hirn oder die Brüste von Kleingeflügel oder Krammetsvögeln, Lukanische Würste, Leber und Magen von jungen Hühnern in eine Kasserolle; koche Brühe,

---

[1] versatilem = klug ausgesonnen. — adulteram = non genuinam, nicht recht, auf andere, falsche Art (Schuch).

Wein, ein Bündchen Porreeknollen, Pfeffer und geschnittenen Koriander mit dem Hirn; reibe Pfeffer, Liebstöckel und Brühe.

201. Erbsen und Bohnen auf Vitellianische Art.
S. N. 197. Koche die Erbsen oder Bohnen; wenn sie abgeschäumt sind, tue Porree, Koriander, Majoran und Fenchelsamen mit Brühe und Wein in die Kasserolle, tue Öl daran; wenn es gekocht hat, verarbeite es, füge frisches Öl hinzu und trage es auf.

202. Conchisbohne (Schalbohne);[1]
koche sie, reibe Pfeffer, Liebstöckel, Kümmel, Koriander (grünen), gieße Brühe zu, schmecke es mit Brühe und Wein ab, tue es in die Kasserolle, füge Öl bei, laß es auf schwachem Feuer sieden und richte es an.

203. Apicianische Schalbohnen.
Nimm ein reines irdenes Geschirr, worin du Erbsen[2] kochst; zu ihnen tue geschnittene Lukanische Würste, Schweinswürste und Schinkenstücken; reibe Pfeffer, Liebstöckel, Majoran, Dill, trockene Zwiebel und grünen Koriander, gieße Brühe daran, schmecke es mit Wein und Brühe ab, tue es in das Geschirr, welches du mit Öl ausgestrichen hast, weil die Speise viel Öl verschluckt (aufsaugt), koche es an schwachem Feuer, daß es siedet und trage es auf.

204. Conchis-Bohnen auf einfache Erbsen-Art.
Koche die Erbsen einfach, schäume sie ab und tue ein Bündchen Porree und Koriander zu; während es kocht, reibe Pfeffer, Liebstöckel und Majoran; die Bündchen (Schuch schreibt hier feniculum statt fasciculum = also

---

[1] conchis = eine gewisse Art Bohne, cf. Martial und Juvenal.
[2] pisam sc. conchiclam, danach scheint hier von Schalerbsen die Rede zu sein = Schoten mit der Schale.

Fenchel), reibe für sich, gieße Brühe zu, schmecke es mit Wein und Brühe ab, tue es in die Kasserolle, gieße Öl zu, stelle es auf schwaches Feuer und richte es an.

205. Commodianische Schalbohnen.[1]

Koche die Erbsen und schäume sie ab; reibe Pfeffer, Liebstöckel, Dill und trockene Zwiebeln, gieße Brühe unter, schmecke mit Wein und Brühe ab und tue es in eine Kasserolle, daß es durchkocht; dann löse 4 Eier auf in einem Sechsteil Erbsen, stelle (das letztere) in einem irdenen Geschirr zum Feuer, das es zieht und trage es auf.

206. Auf andere Art mache es so:

Wasche Hühner und beine sie aus; schneide Zwiebel klein, Koriander und abgehäutetes Hirn; fülle alles in das Huhn; laß Brühe, Wein und Öl kochen; wenn es gekocht, nimm klein geschnittene Zwiebel und Koriander und streiche es mit den gekochten aber nicht gewürzten Erbsen durch. Nun nimm eine eckige[2]) Form und richte die Zutaten nach Belieben verschieden ein; darauf reibe Pfeffer und Kümmel und gieße den eigenen Sud unter. Gleichzeitig schlage in den Mörser 2 Eier, vermenge sie mit vorigem Sud, gieße es über die unverletzt gekochten Erbsen, garniere es auch mit Nußkernen, setze es zum Sieden auf schwaches Feuer und richte es an.

207. Auf andere Art.

Gefüllte oder Füllung von Schalbohnen zu Hühner- und Schweinefleisch. Beine das Huhn aus, breite die Brust und die Schlegel desselben aus, befestige die Ränder mit Speilern aneinander und bereite die Füllung, fülle es ab-

---

[1]) conchicla Commodiana, zu Ehren des Commodus Antoninus so genannt; es kann aber auch eine besondere, sehr schmackhafte Frucht gewesen sein.
[2]) Lister schreibt hier = conchiclam statt angularem. Letztere Lesart scheint die richtige zu sein.

wechselnd mit Erbsen, gekochtem Hirn, Lukanischen Würsten usw. Reibe Pfeffer, Liebstöckel, Majoran und Ingber, gieße Brühe unter, schmecke es mit Wein und Rosinenwein ab; laß es kochen; wenn es gekocht hat, tue ein wenig (zum Huhn); würze die Fülle (in pensam sc. in pisum?), wenn du sie abwechselnd in das Huhn getan hast, bedecke es mit einer Netzhaut (so eine Hülle, Decke bildend), tue es in ein irdenes Geschirr, stelle es in den Backofen, daß es langsam gar wird und trage es auf.

208. Speltgraupen- oder Gerstensaft.

Dieses Rezept entspricht dem unter Nr. 179 beschriebenen wörtlich.

209. Auf andere Art.

Gleichfalls wie in Nr. 180.

210. Grüne Bohnen, Puffbohnen und Bajanische Bohnen.[1]

Die grünen Bohnen werden mit Brühe, Öl, grünem Koriander, Kümmel und geschnittenen Porree gekocht und aufgetragen.

Auf andere Art: Die Bohnen werden mit geriebenem Senf, Honig, Nußkernen, Raute, Kümmel und Essig gekocht und aufgetragen.

Auf andere Art: Die Bohnen werden in Brühe geröstet und aufgetragen.

Bajanische Bohnen. Blanchiere die Bohnen, schneide sie klein und koche sie mit Raute, grünem Sellerie, Porree, Essig, Öl, Brühe, Most oder etwas Rosinenwein und trage sie auf.

211. Fönnkraut,[2] Bockshornkraut (Lupinenart)

koche in Brühe, Öl und Wein.

---

[1] Fabaciae Baianae d. i. in Bajae gewachsene. — bajanas vulgo bacanas d. i. ohne Hülle, ohne Schale.

[2] Faenum graecum = ein jetzt nicht mehr gebräuchliches Gemüse. Plin. XVIII [39], XXIV [120].

Grüne Schneide-, Schmink-Bohnen und Kichererbsen.[1]) Koche sie mit Salz, Kümmel, Öl und etwas reinem Wein[2]) und trage sie auf.
Auf andere Art: Die Bohnen oder Kichererbsen geröstet mit Weinbrühe und Pfeffer abgeschmeckt. Auch die Bohnenkerne[3]) und deren Schoten gesotten tue in eine Schüssel mit grünem Fenchel, pfeffere sie, gieße Brühe zu und etwas gesottenen Wein, salze sie und trage sie auf. Werden auch nach Befinden einfacher hergestellt.

VI. Buch.

Vom Geflügel.

212. Vom Vogel Strauß, gesotten.[4])

Pfeffer, Minze, getrockneten Kümmel, Selleriesamen, Feigendatteln[5]) oder Datteln, Honig, Essig, Rosinenwein, Brühe und ein wenig Öl tue in die Kasserolle und laß es (mit dem Strauße) kochen; ziehe es mit Kraftmehl ab; tue dann die Stücken des Straußes in eine Schüssel, begieße ihn und streue Pfeffer darüber. Willst du ihn außerdem noch schmackhafter würzen, tue noch Knoblauch hinzu.
Auf andere Art gesotten: Mit Pfeffer, Liebstöckel, Thymian, auch Saturei, Honig, Senf, Essig, Brühe und Öl.

213. Kraniche und Enten.[6])

Wasche sie, mache sie zurecht und schließe sie in einen Topf; füge Wasser, Salz und Dill hinzu; koche alles zur

---

[1]) phaseoli = faseoli = den französ. haricots verts oder fève de mer — Feldbohne.
[2]) mero scl. vino.
[3]) lobis = siliquis = Schoten nach Hummelberg.
[4]) Bei der Zähigkeit des Fleisches des uns bekannten Vogel Strauß ist es zweifelhaft, ob Apicius diese Art gemeint hat, möglicherweise ist es ein unbekannter, straußähnlicher Vogel gewesen.
[5]) caryotas — Feigendattel, Plin. XIII 9.
[6]) Auch Rebhühner, Turteltauben, Holztauben, Tauben u. versch. andere Vögel.

Hälfte ein. Wenn die Vögel steif (hart) geworden sind, nimm sie heraus, wasche sie abermals und tue sie von neuem in eine Kasserolle mit Öl, Brühe, einem Bündchen Majoran und Koriander; beim Fertigkochen tue noch ein wenig eingekochten Most hinzu, damit es Farbe nimmt. Reibe Pfeffer, Liebstöckel, Kümmel, Koriander, Laserwurzel, Raute, gesottenen Wein und Honig, gieße von dem eigenen Safte unter, schmecke es mit Essig ab, leere alles aus dem Topfe in die Kasserolle, laß es heiß werden, ziehe es mit Kraftmehl ab, richte es auf der Schüssel an und gieße den Fond darüber.

214. Vom Kranich, der Ente oder dem Huhn.

Koche Pfeffer, trockene Zwiebel, Liebstöckel, Kümmel, Selleriesamen, ausgekernte Damaszener Pflaumen, (frischen Most), Meth, Essig, Brühe, eingekochten Most und Öl (mit dem Geflügel).

215.

Wenn du den Kranich kochst (abbrühst), tue ihn so in das Wasser (Brühe), daß der Kopf nicht hineinkommt;[1]) wenn er herausgenommen ist, nachdem er gebrüht ist, wickle ihn in ein festes leinenes Tuch,[2]) ziehe den Kopf desselben mit den Sehnen heraus, so daß nur das Fleisch und die Knochen bleiben. Denn mit den Sehnen kann man ihn nicht essen.

216. Auf andere Art Kranich oder Ente mit Rüben.

Wasche und mache[3]) (das Geflügel) zurecht, laß es im Topfe mit Wasser, Salz und Dill sieden, bis es halb gekocht ist; nimm es aus dem Topfe, wasche es nochmals und tue das Geflügel mit Öl, Brühe und einem Bündchen von Porree und Koriander in eine Kasserolle. Ebenso koche die Rüben, daß sie ausgedrückt[4]) werden können;

---

[1]) Möglicherweise sollte der Kopf mit dem Gefieder unverletzt bleiben, damit er zur Dekoration des gekochten Gerichtes verwendet werden konnte.
[2]) sabano valido, wofür Lister calide — heißes Tuch hat.
[3]) ornas = dressiere ihn.
[4]) expromari = exbromere, daß die Rüben nicht grallig, unangenehm schmecken?

die ausgedrückten und klein geschnittenen Rüben tue zu dem Geflügel, das du fertig kochen läßt, tue auch eingekochten Most dazu, daß es Farbe bekommt. Die Soße bereite besonders: Pfeffer, Kümmel, Koriander, Laserwurzel fülle auf mit Essig und dem eigenen Fond, gieße es über das Geflügel und siede es; wenn es gesiedet hat, ziehe es mit Kraftmehl ab und gieße es über die Rüben, streue Pfeffer darüber und trage es auf.

217. Gesottener Kranich oder Ente auf andere Art.

Nimm Pfeffer, Liebstöckel, Kümmel, Koriander, trockene Minze, Majoran, Nußkerne, Feigendatteln, Brühe, Öl, Honig, Senf und Wein (in welchem das Geflügel gesotten wird).

218. Auf andere Art.

Brate sie und gieße von dem eigenen Safte unter; reibe Pfeffer, Liebstöckel, Majoran, Brühe, Honig, etwas Essig und Öl, laß es kochen. Wenn es gut kocht, tue Kraftmehl daran und unter die Soße gesottene Gurkenscheiben oder Colocasia,[1] daß sie mit kochen; ebenso, wenn du sie hast, kleine Vögel[2] und Hühnerlebern. In den Soßennapf (saucière) streue klaren Pfeffer und trage es auf.

219. Auf andere Art gesotten.

Pfeffer, Liebstöckel, Selleriesamen, weißen Senf,[3] Koriander, Minze, Feigendatteln, Honig, Essig, Brühe, eingekochten Most und Senf; dieses macht man ebenso, wenn es in der Kasserolle gebraten wird.

220. Rebhühner, Haselhühner oder Turteltauben gesotten.

Pfeffer, Liebstöckel, Selleriesamen, Minze, Myrtenbeeren, auch Rosinen, Honig, Wein, Essig, Brühe und Öl. Gebrauche es kalt.

---

[1] colocasia Plin. XXI 51, 102.
[2] si sunt ungellas scl. aviculare — wenn du kleine Vögel hast.
[3] eruca — weißer Senf, Plin. H. N. XIX 35, 44, XX 49.

221. Das Rebhuhn

Das Rebhuhn wird mit seinen Federn gebrüht, wo es noch feucht gerupft wird. Das geschnittene, in seinem Safte gekochte (gebratene) Rebhuhn wird nicht hart sein; wenn es noch einmal gekocht wird, so daß es hart ist, muß es nochmals im Safte kochen.[1])

222. Auf andere Art, Rebhuhn, Haselhuhn oder Turteltaube.

Pfeffer, Liebstöckel, Minze, Rautensamen, Brühe, reinen Wein und Öl mache heiß (und koche das Geflügel darin).

223. Gebratene, gemästete Holz- und Haustauben,

mit Pfeffer, Liebstöckel, Koriander, Feldkümmel, trockener Zwiebel, Minze, Eigelb und Feigendatteln, ferner mit Honig, Essig, Brühe, Öl und Wein.[2])

224. Dieselben auf andere Art gesotten

mit Pfeffer, Feldkümmel, Selleriesamen, Petersilie, Gartengewürze,[3]) Feigendatteln, Honig, Essig, Wein und Senf.

225. Auf andere Art.

Pfeffer, Liebstöckel, Petersilie, Selleriesamen, Raute, Nüsse, Feigendatteln, Honig, Essig, Brühe, Senf und ein wenig Öl.

---

[1]) Der Verfasser hat jedenfalls sagen wollen, daß das Rebhuhn in seinem Safte gebraten am schönsten ist; sollte es jedoch noch hart sein (namentlich bei alten), so muß es noch länger im Safte schmoren.

[2]) Es ist nicht ersichtlich, ob diese Zutaten für sich gekocht als Beilage zu den Tauben galten, oder ob die Tauben in diesem Allerlei gebraten oder gedünstet wurden.

[3]) Lister schreibt hier: condimenta moretaria statt hortarian. (Ersteres würde eine Zusammensetzung verschiedener Gartenkräuter in Form einer »kalten Schale« bedeuten). S. auch Buch I [36].

226. Auf andere Art.

Pfeffer, Liebstöckel, Laser und Wein; schmecke es ab mit Brühe und Wein; gieße es über die Tauben, streue Pfeffer darüber und richte es an.

227. Jus (Sud, Soße) zu verschiedenem Geflügel.

Pfeffer, getrockneten Kümmel, Liebstöckel, Minze, ausgekernte Rosinen oder Damaszener Pflaumen und ein wenig Honig schmecke mit Myrrhen- (Myrten-) Wein ab; mache Brühe und Öl heiß und verarbeite es mit Sellerie und Saturei.

228. Auf andere Art.

Reibe Pfeffer, Liebstöckel, Petersilie, trockene Minze, Cnecumblüten[1]) und gieße Wein unter; füge Pontische (Türkische) Haselnüsse oder geröstete Mandeln und ein wenig Honig zu, vermenge es mit Wein, Essig und Brühe. Tue in einem Breitopfe Öl über die Soße; mache es heiß, vermische die Soße mit grünem Sellerie und Feldpolei,[2]) zerteile die Vögel und übergieße sie.

229. Weiße Soße zu gesottenem Geflügel.

Pfeffer, Liebstöckel, Kümmel, Selleriesamen, Türkische Haselnüsse oder geröstete Mandeln oder geschälte Nüsse, etwas Honig, Brühe, Essig und Öl.

230. Grüne Soße zu Geflügel.

Pfeffer, Feldkümmel, Indischer Lavendel, Kümmel, Nardenblätter,[3]) grüne Gartenkräuter, alle Arten Datteln, Honig, Essig, etwas Wein, Brühe und Öl.

---

[1]) Nach Plinius wurde aus dem Kraute cnecus oder cnicus ein Wein hergestellt. Plin. XXI [53, 56, 107]. — Lister schreibt dagegen anethi flores = Fenchelblüten.
[2]) nepeta = Feldpolei. Plin. XIX [37], XX [56].
[3]) folium scl. nardi.

231. Weiße Soße zu gesottener Gans.
Pfeffer, Feldkümmel, Kümmel, Selleriesamen, Thymian, Zwiebel, Laserwurzel, geröstete Nüsse, Honig, Essig, Brühe und Öl.

232. Aller Art Geflügel, welches riecht[1])
(mit haut goût); Pfeffer, Liebstöckel, Thymian, trockene Minze, Salbei, Feigendatteln, Honig, Essig, Wein, Brühe, Öl, eingesottenen Most und Senf. Das Geflügel magst du schmackhaft und nahrhaft und in seinem Fette anrichten, wenn du es mit einem Teige aus Öl und Mehl umhüllst und es in den Backofen stellst.

233. Auf andere Art.
Fülle den Bauch des Geflügels mit mürben, frischen Oliven, nähe es zu und dünste es, dann nimm die gesottenen Oliven heraus.

234. Vom Flamingo.
Brühe den Flamingo, wasche ihn und richte ihn vor (dressiere ihn); tue ihn in eine Kasserolle, füge Wasser, Salz, Dill und etwas Essig zu; wenn er halb gekocht ist, tue ein Bündchen Porree und Koriander daran und laß ihn damit kochen, ebenso füge etwas eingekochten Most zum Färben daran. Reibe im Mörser Pfeffer, Kümmel, Koriander, Laserwurzel, Minze und Raute, gieße Essig zu, füge Feigendatteln bei und gieße seinen eigenen Saft zu; schütte alles in dieselbe Kasserolle, ziehe es mit Kraftmehl ab, gieße noch Sud unter und richte es an. Ebenso bereite Papageien (Sittiche).

235. Auf andere Art.
Brate das Geflügel. Reibe Pfeffer, Liebstöckel, Selleriesamen, geriebenen (gemahlenen) Sesam,[2]) Petersilie, Minze,

---
[1]) Bezieht sich jedenfalls auf Wildgeflügel.
[2]) sesam — eine Art Mehl.

trockene Zwiebel, Feigendatteln, Honig, Wein und Brühe und schmecke es mit eingekochtem Most, Essig und Öl ab.

236. Alles Geflügel

wird nicht saftig sein, wenn es mit den Federn gebrüht wird; es ist besser, dasselbe vorher beim Kropfe auszunehmen, oder auch im Dampfgefäß[1]) aufzuhängen.

237. Weiß gedämpfte Gans mit kalter Apicianischer Soße.

Reibe Pfeffer, Liebstöckel, Koriander, Minze, Raute, schütte Brühe zu und etwas Öl und schmecke es ab. Die aus dem siedenden Sud herausgenommene Gans trockne mit einem reinen, leinenen Tuche ab, gieße die Soße darüber und trage sie auf.

238. Gedünstetes Huhn in roher (ungekochter) Brühe.

Tue in den Mörser Dillsamen, trockene Minze, Laserwurzel, gieße Essig zu, füge Feigendatteln, Brühe, etwas Senf und Öl daran und schmecke es mit eingekochtem Most ab und richte das Huhn so in der Dillbrühe an.

239. Auf andere Art in Dillbrühe.[2])

Mische etwas Honig mit Brühe. Das gekochte Huhn nimm heraus, trockne es in einem reinen Leinentuche, teile und zerschneide es, gieße Brühe darüber, daß dieselbe hineinzieht; wenn sie aufgesogen ist, brate das Huhn, begieße es mit seinem Safte, streue Pfeffer darüber und trage es auf.

240. Parthisches Huhn (Zwerghuhn).[3])

Richte das Huhn, von dem die Brust eine Schiffähnlichkeit hat, in viereckige Stücke vor; reibe Pfeffer, Liebstöckel,

---

[1]) ambigas — nach Hummelberg ein irdenes Gefäß; nach Lister in ein tiefes Gefäß im Dampfe über kochendem Wasser aufhängen.
[2]) Während Schuch diesen Satz mit einer neuen Nr. 239 beginnt, gehört es bei Lister, nach Hummelberg, zur vorigen Nr. 238.
[3]) Die Lesart bei Schuch — pennis tangis ist unverständlich, es ist scheinbar korrumpiert aus pertangere.

etwas Feldkümmel, gieße Brühe unter und schmecke es mit Wein ab. Richte das Huhn in ein irdenes Geschirr ein, tue die Gewürze darüber, löse Laser und Wein (in vino) auf, tue es gleichfalls zum Huhn und koche es, streue Pfeffer darüber und richte es an.

241. Huhn mit saurer Soße.

Ein großes Glas voll Öl, im genauen Maße, ein kleines Glas Brühe (Essigbrühe), 6 Scrupulos Pfeffer, Petersilie und ein Bündchen Porree (werden gekocht zum Huhn gegeben).

242. Numidisches (Perl-) Huhn.

Reinige, brühe und wasche das Huhn, bestreue es mit Laser und Pfeffer und brate es; reibe Pfeffer, Kümmel, Koriandersamen, Laserwurzel, Raute, Feigendatteln und Nüsse, gieße Essig, Honig und Brühe unter und schmecke es mit Öl ab; wenn es siedet, ziehe es mit Kraftmehl ab, gieße es über das Huhn, streue Pfeffer darüber und richte es an.

243. Huhn mit Laser (Silphium).

Die Bruststücken (die wie ein Schiff aussehen) wasche und richte in ein irdenes Geschirr ein; reibe Pfeffer, Liebstöckel, Laser und Wein; gieße Brühe daran, schmecke es mit Wein und Brühe ab, tue es zum Huhn; wenn es gekocht ist, streue Pfeffer darüber und richte es an.

244. Gebratenes Huhn.[1]

Etwas Laser, 6 Scrupulos Pfeffer, ein Löffel voll Öl, ein Löffel (Essig) Brühe und etwas Petersilie (womit das Huhn gebraten wird?).

245. Huhn im eigenen Safte gesotten.

Reibe Pfeffer, Kümmel, etwas Thymian, Fenchelsamen, Minze, Raute und Laserwurzel, gieße Essig zu, tue Feigendatteln daran und verreibe es, schmecke es mit Honig,

---

[1] paroptus i. e. assatus, gebraten.

Essig, Brühe und Öl ab; tue alles über das abgekühlte und abgetrocknete Huhn und wenn damit begossen, trage es auf.

246. Gedünstetes Huhn mit gedünsteten Gurken.

Zu wie oben bereiteter Soße tue noch Senf, begieße es (das Huhn) und richte es an.

247. Auf dieselbe Art mit Colocasien.

Wie oben beschrieben, übergieße es mit der Soße und richte es an.

248.[1])

Es wird nun weiter eingefüllt, sowohl Speltgraupen als auch marinierte Oliven, doch nicht zu voll, damit sie (die Füllung) Raum hat und nicht platzt; während des Kochens tue das gefüllte Huhn in einem Spankörbchen in den Topf, wenn es gekocht hat, bewege es — schüttele es lebhaft und sorge, daß es nicht platzt.

249. Varianisches Huhn.

Zu diesem Huhn koche folgenden Sud; Brühe, Öl, Wein, ein Bündchen Porree, Koriander und Saturei; wenn es gekocht hat, reibe Pfeffer und Nüsse und gieße 2 Weinglas voll der eigenen Brühe unter, wirf die Bündchen weg und schmecke es mit Milch ab; das im Mörser Geriebene tue zum Huhn, daß es damit kocht; mische es mit geschlagenem Eiweiß, tue es auf eine Schüssel und gieße den vorher beschriebenen Sud darüber. Dieser Sud wird weiße Soße genannt.

250. Frontonianisches Huhn.[2])

Das halbgekochte Huhn würze mit Brühe mit Öl gemischt, zu welchem ein Bündchen Dill, Porree, Saturei und grüner Koriander getan wird; dann koche es; wenn es gekocht

---

[1]) Der unter dieser Nummer eingeschaltete Satz soll nach Schuch zu No. 252 und zwar nach den Worten: imples pullum vel porcellum — gehören.
[2]) Nach Frontone unter Kaiser Severus.

hat, nimm es heraus, richte es auf einer Schüssel an, übergieße es mit eingekochtem Most, streue Pfeffer darüber und trage es auf.

251. Teig-Pastete von Huhn.

Koche das Huhn in Brühe, Öl und Wein, dem ein Bündchen Koriander und Zwiebel beigemischt ist, wenn es dann gekocht ist, nimm es mit seinem Safte heraus; tue in ein neues Kochgeschirr Milch, ein wenig Salz, Honig und $1/2$ Liter Wasser[1]) (das ist der dritte Teil), tue es zu schwachem Feuer, daß es lauwarm wird; zerteile den Teig unter langsamem Hinzutun von Mehl,[2]) bearbeite ihn beständig, daß er nicht anbrennt. Breite nun auf einer Schüssel den Teig aus, tue das Huhn ganz oder geteilt darauf und begieße es mit solcher Soße: Pfeffer, Liebstöckel, Majoran vermische mit Honig, ein wenig eingekochtem Most und dem eigenen Fond (des zuvor gekochten Huhnes), schmecke es ab, tue es in die Kasserolle, daß es kocht, wenn es gekocht hat, ziehe es mit Kraftmehl ab und trage es auf.

252. Gefülltes Huhn.[3])

Nimm das Huhn vom Halse (vom Kropfe) aus aus, damit nichts (von den Eingeweiden) darin verbleibt. Reibe Pfeffer, Liebstöckel, Ingber, geschnittenes Fleisch (vom Schwein?) gequollene Speltgraupen und geriebenes, im Fond gesottenes Hirn, vermische es mit aufgeschlagenen

---

[1]) Die Listersche Ausgabe hat mininum — ein wenig statt eminam bei Schuch.
[2]) mittis paulatim — farinam? Tue langsam Mehl dazu. — Aus den sonstigen Zutaten würde sich sonst ein Teig nicht herstellen lassen.
[3]) Schuch beginnt diesen Satz ohne Vorbezeichnung mit den Worten: Pullum sicut alicam coque — und läßt verschiedene Auslegungen folgen als: sic ut ilique cuminatu a cervice oder sic ut aliquae cuminatu oder sicut aliquae cuminatum cervi usw. Meiner Meinung nach dürfte die Listersche Lesart, wie sie der nebenstehende Text wiedergibt, die richtigere sein, denn das sich bei Schuch wiederholende cuminatum usw. würde immer auf eine Zubereitung mit Kümmelbrühe hinweisen, was Apicius wohl schwerlich im Sinne hatte.

Eiern, so daß es eine Masse bildet; verdünne es oder schmecke es mit Brühe und ein wenig Öl ab, tue ganzen Pfeffer und reichlich Nußkerne dazu. Mache die Füllung und fülle das Huhn oder ein Spanferkel damit, doch nicht zu voll, daß es Raum hat, sich auszudehnen und nicht platzt (hier soll nun nach Schuch der Satz unter 248 folgen).

253. Kapaunen werden ebenso gemacht.

Nimm das Huhn (den Kapaun), bereite es wie oben, öffne es an der Brust, nimm alles heraus und koche es.[1])

254. Huhn mit weißer Soße.

Nimm Wasser und reichlich Spanisches Öl, koche es gehörig aus, daß die Feuchtigkeit (des Wassers) verdampft; nachdem es (das Huhn) dann gekocht ist, so daß möglichst Öl zurückgeblieben ist, nimm das Huhn heraus, streue Pfeffer darüber und trage es auf.

255. Amönische Krammetsvögel

vom Amönischen Meere (im Mittelländischen Meere gelegen). — Reibe Pfeffer, Laser und Lorbeerbeeren, mische es mit Kümmelbrühe, fülle damit die Vögel, von der Kehle (vom Kropfe) aus, binde sie mit einem Faden zu, koche sie in Öl, Salz, Wasser, Dill und Porreeknollen.

256. Turteltauben.

Öffne sie und richte sie sorgfältig vor; reibe Pfeffer, Laser und ein wenig Brühe; lege die Tauben in diese Mischung, daß sie trocken von den Tauben aufgesaugt wird und brate sie.

---

[1]) Schuch schreibt hier in capso facies — statt in capo — dessen Satz würde sonach lauten: Ebenso fertige es (das Huhn) in einer Umhüllung (Schweinsnetz, Pergament oder dergl.), nachdem du die Knochen entfernt hast, koche es — nimm dann Palme (Palmblätter, in welche das Huhn eingehüllt wurde) dressiere es, verfahre wie oben von der Brust aus (es auszunehmen).

257. Rebhühner-Sud (Soße).

Reibe im Mörser Pfeffer, Sellerie, Minze und Raute, feuchte es mit Essig an, tue Feigendatteln,[1]) Honig, Essig, Brühe und Öl dazu, laß es gleichfalls kochen und trage es auf.

VII. Buch.
Von den feinen, kostbaren Speisen.

Von der unfruchtbaren Gebärmutter, von der Schwarte, von den Lendchen, vom Schwänzchen : und von den Füßen (Klauen) des Schweines :

258. Unfruchtbare Gebärmutter (des Schweins).[2])

Nimm Kyrenäischen oder Parthischen Laser mit Essig und Brühe hergerichtet (worin die vulva gekocht wird) und trage sie auf.

Gebärmutter (auch Euter, Brustwarze). Nimm Pfeffer, Selleriesamen, trockene Minze und Laserwurzel, mit Honig, Essig und Brühe;

Oder nimm Pfeffer und Brühe mit Parthischem Laser und trage es auf;

Oder nimm Pfeffer, Brühe und ein wenig Gewürze[3]) und trage es auf.

259. Schweineschwarte, Schweinerüssel, Schweinsstückchen (Koteletten) und Schweinsfüße.

Koche sie mit Pfeffer, Brühe und Laser, trage sie auf.

260. Gebärmutter zum Rösten

bereite so zu: Wälze sie in Kleienmehl, darnach tue sie in Salzlake und koche sie so.

---

[1]) caryotam scl. vinum — Dattelwein?
[2]) vulva — Gebärmutter. Plin. N. H. XI [84].
[3]) condito scl. vino — Gewürzwein?

261. Gesottenes Euter.[1]

Reinige das Euter (schließe die Öffnungen), streue Salz darüber und stelle es in die Bratröhre oder brate es auf dem Roste; reibe Pfeffer, Liebstöckel, Brühe, reinen und Rosinenwein, ziehe es mit Kraftmehl ab und übergieße damit das Euter.

262. Volles Euter

(d. i. gefülltes, gewürztes). Es wird Pfeffer, Feldkümmel und gesalzene Muscheln[2] (Meerigel) gerieben, das Euter damit gestopft, zugenäht und gekocht. Gegessen wird es mit Fischlake[3] und Senf.

263. Mit Feigen gemästete Schweinsleber. Schweinsleber in Weinbrühe.[4]

Koche sie mit Pfeffer, Thymian, Liebstöckel, Brühe, ein wenig Wein und Öl.

264. Auf andere Art.

Beschneide die Leber vorher von den Sehnen (Strängen, Röhren), lege sie in Brühe, Pfeffer, Liebstöckel und 2 Lorbeerbeeren; wickle sie in ein Schweinsnetz, brate sie auf dem Rost und richte sie an.

265. Ostische Fleischklößchen (aus Ostia).

Mache die Klöße zurecht, d. h. schabe das Fleisch aus der Haut, so daß die Haut zurückbleibt und forme sie. Reibe Pfeffer, Liebstöckel, Dill, Kümmel, Silphium und eine Lorbeerbeere und feuchte es mit Brühe an, verreibe es; verbringe es mit den Klößen in ein viereckiges Geschirr, worin es mit den Gewürzen 2 auch 3 Tage verbleibt;

---

[1] sumen — Euter. Plin. XI 84.
[2] echinus = Meerigel. Plin. IX 51.
[3] alex = Fischlake. Plin. XXXI 44.
[4] ficatum projecere. Nach einer Erfindung des Marci Apicii wurden die Schweine mit trockenen Feigen gemästet und getötet, indem man ihnen plötzlich einen Trank Met gab.

lege Zweige über Kreuz darüber und bringe sie in die Bratröhre; wenn es kocht, nimm die so zubereiteten Klöße aus dem Geschirr; reibe Pfeffer, Liebstöckel, gieße Brühe und ein wenig Rosinenwein unter, daß es süß macht; wenn der Fond kocht, ziehe ihn mit Kraftmehl ab, sättige[1]) damit die Klöße und richte sie an.

266. Apicianische Klöße.

Das Fleisch zu den Klößen beine aus, forme runde Klöße, befestige sie mit Speilern, stelle sie in den Bratofen; wenn sie steif geworden sind, nimm sie heraus, daß sie abtropfen; brate sie auf dem Rost bei schwachem Feuer, daß sie abtrocknen aber nicht anbrennen. Reibe Pfeffer, Liebstöckel, Schwertel,[2]) Kümmel, Brühe und würze es mit Rosinenwein. Mit diesem Sud tue die Klöße in eine Kasserolle; wenn sie gekocht sind, nimm sie heraus, trockne sie, richte sie an, ohne den Sud, und streue Pfeffer darüber; wenn sie zu fett sein sollten, ziehe die Haut mit den Speilern ab. Auf dieselbe Art kann man auch die Klöße von Euter machen.

267. Klöße von Wildschweinsfleisch.

Mit Öl und Brühe wird es zu jenen Gewürzen getan und gekocht. Wenn sie gekocht sind, tue, während sie noch auf dem Herde stehen, diese Gewürze daran: Geriebenen (gestoßenen) Pfeffer, verschiedene Gewürze, Honig, Brühe und Kraftmehl, sie werden von neuem gekocht; wenn sie schon gekocht waren, werden sie ohne Brühe und Öl gesotten und abgetrocknet, mit Pfeffer bestreut und angerichtet.

268. Fleischklößchen auf andere Art.

Die Klößchen werden richtig geröstet, daß sie beinahe wie gebraten sind. Ein Weinglas (Spitzglas) voll Schweins-

---

[1]) facies für satius, perfundis = übergieße es.
[2]) cyperis = Schwertel, ein gewisses Kraut. Plin. XXI [87], [70].

brühe, eines desgleichen Wasser, dasselbe Quantum Essig und ebensoviel Öl mische und tue es in eine irdene Platte, röste (die Klöße) und richte sie an.[1])

269. **Auf andere Art, Klöße in der Pfanne,**
in reichlicher Menge Weinbrühe, streue Pfeffer darüber und richte sie an.
Auf andere Art: Nachdem die Klöße zuvor gesalzen und in Wasser mit Kümmel (Kümmelbrühe) gelegt waren, werden sie gehörig geröstet.

270. **Fleischklößchen mit Laser[2]) gewürzt:**
Lege die Klöße in eine Pfanne, füge 1 Pfund[3]) Brühe, ebensoviel Öl und ein gleiches Quantum Honig zu und schmore sie so.
Gebratene Fleischklößchen. Die gebratenen Klöße laß abtropfen, tue sie sorgfältig in eine Pfanne, und schmore sie in Weinbrühe; nachdem richte sie in derselben Weinbrühe an und streue Pfeffer darüber.
Auf andere Art: Die Klöße werden in Brühe geschmort, mit heißem Öl bestrichen und so angerichtet.
Mit Laser bereitete Fleischklößchen. Laser, Ingber, Kardamom und ein Löffel (Gläschen) voll Brühe mische mit Kümmel, reibe alles zusammen und koche die Klöße darin.[4])

271. **Gebratenes.**
Das zu bratende wird einfach im Ofen gebraten, mit reinstem Salz bestreut, mit Honig bestrichen (glasiert) und angerichtet.

---

[1]) Schuch dagegen schreibt: recte finguntur ut pemma, surdantur etc. = Die Klöße werden gehörig geformt, wie ein gewisses Backwerk, und gespeilert.
[2]) garatas = lasaratus.
[3]) una libra = ein Pfund = $1/2$ Liter. Auch Flüssigkeiten wurden nach Sueton Caes. damals gewogen.
[4]) No. 270 fehlt bei Lister vollständig.

272. Auf andere Art.

6 Scrupulos Petersilie, 6 Scrup. Laser, 6 Scrup. Ingber, 5 Lorbeerbeeren, 6 Scrup. Laserwurzel, 6 Scrup. Gewürze, 6 Scrup. Majoran, 6 Scrup. Cyperkraut,[1]) etwas Kostwurz,[2]) 3 Scrup. Pyrethrum, 6 Scrup. Selleriesamen, 12 Scrup. Pfeffer und soviel Brühe und Öl, als es aufnimmt.

273. Auf andere Art.

Trockene ausgekernte Myrtenbeeren reibe mit Kümmel, Pfeffer, Honig, Brühe, eingekochtem Most und Öl, heißgemacht ziehe es ab mit Kraftmehl und übergieße damit das gesottene, mit Salz angebratene Fleisch, streue Pfeffer darüber und richte es an.

274: Auf andere Art.

6 Scrup. Pfeffer, 6 Scrup. Liebstöckel, 6 Scrup. Petersilie, 6 Scrup. Selleriesamen, 6 Scrup. Dill, 6 Scrup. Laserwurzel, 6 Scrup. Asarum,[3]) ein wenig Pyrethrum, 6 Scrup. Cyperkraut, 6 Scrup. Feldkümmel, 6 Scrup. Kümmel, 6 Scrup. Ingber, $1/_2$ Liter Brühe und ein Becher (Löffel) voll Öl.

275. Gebratenes vom Halsstück (Kamm).[4])

In eine Bratpfanne werden hineingegossen und gesotten Pfeffer, Gewürze, Honig und Brühe, dann das Halsstück im Ofen gebraten, woselbst es mit vorigem verkocht. Das Gesottene vom Halsstück aber wird, wenn du willst, ohne Gewürze gebraten und mit heißem Sud übergossen.

---

[1]) cyperus — Plin. XXI [70].
[2]) costus — Plin. XII [25].
[3]) asareum — Plin. XXI [6].
[4]) Die Schuchsche Lesart: sine colore — ohne Farbe statt in collari ist nicht recht verständlich.

276. Von den Gesottenen und Leckerbissen.
Soße zu allem Gesottenen.

Pfeffer, Liebstöckel, Majoran, Raute, Silphium, trockene Zwiebel, Wein, eingesottenen Wein, Honig, Essig und ein wenig Öl werden eingekocht, der Saft durch ein Tuch gepreßt und (dem Fleische) untergegossen.

277. Soße zu Gesottenem.

Pfeffer, Petersilie, Zwiebel, Feigendatteln, Brühe, Essig und ein wenig Öl. Von dieser heißen Brühe wird untergegossen. Auf andere Art: Reibe Pfeffer, frische Raute, Fenchelsamen, Zwiebel und Datteln mit Brühe und Öl.

278. Weiße Soße zu Gesottenem.

Pfeffer, Raute, Zwiebel und Nüsse, Brühe, Wein, Gewürz, ein wenig eingeweichtes Mundbrot, daß es völlig aufgesogen wird und Öl; wenn es gekocht hat, gieße die Soße unter.

279. Auf andere Art.

Pfeffer, Feldkümmel, Liebstöckel, Thymian, Majoran, kleine Zwiebeln, Datteln, Honig, Essig, Brühe und Öl.

280. Weiße Soße zu Leckerbissen.

Pfeffer, Feldkümmel, Liebstöckel, Rautensamen und Damaszener Pflaumen übergieße mit Wein, schmecke es mit Weinmet und Essig ab, mit Thymian und Majoran.

281. Auf andere Art.

Pfeffer, Thymian, Kümmel, Selleriesamen, Fenchel, Raute, Myrtenbeeren und Rosinen werden mit Met abgeschmeckt und mit einem Zweig Saturei verarbeitet.

282. Auf andere Art.

Pfeffer, Liebstöckel, Feldkümmel, Minze, Nardenblätter,[1]) Eigelb, Honig, Met, Essig, Brühe und Öl verarbeite mit Saturei und Porree und ziehe es mit Kraftmehl ab.

283. Weiße Soße zu Leckerbissen.

Zu Pfeffer, Liebstöckel, Kümmel, Selleriesamen, Thymian werden Nüsse getan; die Nüsse vorher gereinigt (soll wohl abgeschält heißen?), Honig, Essig, Brühe und Öl.

284. Soße zu Leckerbissen.

Nimm Pfeffer, Selleriesamen, Feldkümmel, Saturei, Cnicusblüten,[2]) Zwiebeln, geröstete Mandeln, Feigendatteln, Brühe, Öl, etwas Senf mit eingekochtem Most gefärbt.

285. Auf andere Art.

Nimm Pfeffer, Liebstöckel, Petersilie, Zwiebel, geröstete Mandeln, Datteln, Honig, Essig, Brühe, eingekochten Most und Öl.

286. Auf andere Art.

Geschnittene, hartgekochte Eier, Pfeffer, Kümmel, Petersilie, abgebrühten Porree,[3]) Myrtenbeeren, etwas mehr Honig, Essig, Brühe und Öl.

287. Rohe Dillsoße zu Gesottenem.

Nimm Pfeffer, Dillsamen, trockene Minze, Laserwurzel, gieße Essig unter, füge Feigendatteln zu, auch Honig, Brühe, etwas Senf, schmecke es mit eingekochtem Most und Öl ab und gib[4]) es so zum Schweinskamme.

---

[1]) nardostichian folium Narden = Spikeblätter. Plin. N. H. XII 26.
[2]) cnici — cneci flores (Safran zum Färben?). Plin. XXI 53, 56, 107.
[3]) Schuch schreibt: parvum costum, ein wenig Kostkraut, statt porrum coctum.
[4]) Schuch schreibt hier: et hoc colorare pergito — i. e. — et hoc sine colore porgito, ne defricto porrigito = es wird ohne Farbe, ohne eingekochten Most dargereicht.

288. Soße zu Gesottenem mit Fischlake.

Nimm Pfeffer, Liebstöckel, Feldkümmel, Selleriesamen, Thymian, Zwiebel, Datteln und durchgeschlagene Fischlake, schmecke mit Honig und Wein ab, überstreue es mit geschnittenem, grünem Sellerie, tue Öl hinzu und richte es an.

289. Von den Bauchstücken. Schweinsbauch (Schwartenmagen?).

Leere denselben gut aus, gib Salz und Essig zu, danach wasche ihn in Wasser und fülle folgende Füllung ein: Geriebene und gestoßene Schweinefleisch-Stücke mische mit 3 abgehäuteten Hirn, rohen Eiern, denen Nüsse beigemengt sind und ganzem Pfeffer und schmecke diese Soße ab. Reibe Pfeffer, Liebstöckel, Silphium, Anis,[1]) Ingber, etwas Raute, beste Brühe und ein wenig Öl, damit fülle den Magen,[2]) so daß es genug Raum hat, damit er beim Kochen nicht platzt; speilere ihn, ziehe (die Füllung) mit Kraftmehl ab und tue ihn zum Kochen in einen Topf, nimm ihn sorgsam heraus, stich ihn mit einer Nadel durch, daß er nicht zerplatzt; wenn er halb gekocht ist, nimm ihn heraus und hänge ihn in den Rauch, daß er anräuchert (Farbe nimmt); siede ihn von neuem, daß er kochen kann. Dann nimm Brühe, reinen Wein und etwas Öl.

290.

Schneide ihn (den Schwartenmagen) mit dem Messer auf und reiche ihn mit Brühe und Liebstöckel dar.[3])

291. Schwartenmagen zum Rösten herzustellen.

Umhülle ihn mit Kleie (garniere ihn mit Brotkrume?), tue ihn in Pökelbrühe und koche (röste) ihn.

---

[1]) anisum. Plin. XX 72.
[2]) aqualiculum — Magen.
[3]) Dieser Satz gehört sicher noch zu No. 289.

292. Lendchen und Nieren

(Rippchen und Nierenstück?) werden so gebraten: Schneide sie in zwei Teile und wenn sie so auseinander gebreitet sind, überstreue sie mit geriebenem Pfeffer, Nüssen, geschnittenem Koriander, sehr klein geschnitten, und geriebenem Fenchelsamen; dann werden die Lendchen (Rippenstück) zum Braten zusammengewickelt, zusammengebunden, in eine Netzhaut getan und so in Brühe und Öl steif gemacht; dann werden sie im Ofen oder auf dem Rost gebraten.

293. Schulterblatt (Vorderschinken).

Von denen, welche mit vielen Feigen[1]) und geriebenen Lorbeerblättern zuvor gesotten sind, wird die Schwarte abgezogen, in viereckige Stücke geschnitten und mit Honig gesättigt; dann mit einem von Mehl und Honig bereiteten Teig überzogen, damit er eine Kruste bekommt. Wenn er mit dem Teigüberzug gebacken ist, nimm ihn aus der Bratröhre und trage ihn auf.

294. Auf andere Art.

Die einfach mit Feigen in Wasser, wie gebräuchlich, gekochten Schinken werden auf einer Platte angerichtet, mit Zwieback (krumen) bestreut und mit eingekochtem Wein oder besser mit gewürztem Wein begossen (und gebacken).

295. Junge, frische[2]) Hinterschinken.

Siede denselben mit 2 Pfund Gerste und 25 Feigen; wenn er gesotten ist, ziehe die Haut ab, glasiere ihn mit einer glühenden Schaufel und benetze in mit Honig, oder was besser ist, tue ihn in den Ofen und schmecke ihn mit Honig ab. Wenn er Farbe genommen hat, tue in eine

---

[1]) caricae — Feigen, trockne Feigen. Plin. XIII [10], XV [10], XXIII [63].
[2]) Hummelberg sagt: musteus est qui novus et recens est = was jung und frisch ist. Nach Schuch dagegen soll es mustea scil. poma — Musapfel bedeuten.

Kasserolle[1]) Rosinenwein, Pfeffer, ein Bündchen Raute und bereite es mit reinem Wein; wenn es so hergerichtet ist, gieße die eine Hälfte zum Schinken, die andere Hälfte pfeffere und übergieße[2]) die zerbrochenen Mundbissen (Zwieback) mit Most; wenn es aufgesogen ist, gieße das, was vom Most übrig geblieben ist, zu den Schinken.

296. Gekochten Speck (Speck-Pökelfleisch).

Koche es zugedeckt in Wasser mit viel Dill, träufele etwas Öl und etwas Salz hinein.

297. Leber oder auch Lunge.

Leber von Ziegen oder Lamm koche so: Mache Wasser mit Honig (Honigmet) und Eier zurecht, füge ein Teil Milch hinzu, daß die geschnittene Leber darin zieht und koche sie mit Weinbrühe, streue Pfeffer darüber und richte sie an.

298. Auf andere Art Lunge.

Wasche die Lunge mit Milch und reinige sie — was auch vom Ziegenbock sein kann — zerbrich 2 rohe Eier, ganz wenig Salz, ein Löffel voll Honig, mische es, fülle damit die Lunge (fülle es zu der Lunge?), siede sie und zerschneide sie.

299.

Reibe Pfeffer, gieße Brühe, Rosinenwein und reinen Wein hinzu, zerstückele die Lunge und gieße diese Weinbrühe zu.[3])

300. Süßigkeiten fürs Haus.

Gefüllte Datteln, deren Kerne herausgenommen sind, werden mit Nüssen bzw. Nußkernen oder auch mit Pfeffer gefüllt,

---

[1]) Schuch meint: in cacabum passum könnte auch pandum in ein flaches Geschirr — sein.
[2]) Lister meint: buccellas musteorum fractas = ex mustae petasone dimidiato in offelas decamatas = aus den geteilten frischen Schinken bereitete Klöße.
[3]) Dieser Satz scheint zu No. 298 zu gehören.

außen mit Salz bestreut, in kochendem Honig geröstet und aufgetragen.

301. Eine andere Art.

Beste, frische (mostreiche) Sellerie schäle, weiche sie in Milch ein; wenn sie vollgesogen sind, tue sie in den Ofen, daß sie etwas abtrocknen; nimm sie aus der Hitze, übergieße sie mit Honig, durchstich sie, damit sie sich vollsaugen, streue Pfeffer darüber und richte sie an.

302. Abgeschältes (von der Rinde befreites) Weizenbrot.[1]

Zerbrich (zerkleinere) abgeschältes Weizenbrot, mache größere Mundbissen (Zwieback) daraus, tauche sie in Milch, röste sie in Öl, gieße Honig darüber und richte sie an.

303. Auf andere Art.

In Honig, reinen und Rosinenwein und Raute tue Pinienkerne, Nüsse, abgebrühten Spelt, füge zerschnittene und geröstete Mandeln hinzu und richte es an.

304. Gepfefferte Süßigkeiten.

Pfeffer, Pinienkerne, Honig, Raute, reibe mit Rosinenwein und Milch, koche die Masse,[2] forme mit einigen Eiern Klöße daraus, benetze sie mit darübergestreutem Honig und richte sie an.

305. Auf andere Art.

Nimm dasselbe, koche es in heißem Wasser, daß es einen steifen Brei gibt; dann breite es auf einer flachen Schüssel aus, wenn es erkaltet ist, zerschneide es wie zu Süßigkeiten gebräuchlich, röste es in bestem Öl, nimm es heraus, gieße Honig daran, streue Pfeffer darüber und richte es an. Noch besser wird es, wenn es in Met anstatt in Wasser gekocht ist.

---

[1] Arme Ritter!
[2] Hierbei wie auch unter 305 u. 306 ist stets die Hinzunahme von Spelt (Grütze) gedacht.

306. Käsekuchen.

Nimm Milch, so viel du denkst, daß in die Kasserolle geht, verarbeite die Milch mit Honig wie zu einer Milchspeise; tue 5 Eier zu einem Sextarium ($^1/_2$ Liter ca.), zu einem $^1/_4$ Liter, löse 3 Eier in Milch auf und brenne es zu einer steifen Masse ab, schlage es durch in ein irdenes Geschirr, koche es bei schwachem Feuer und wenn es sich zusammengezogen hat, streue Pfeffer darüber und richte es an.

307. Schwammige Eier in Milch.

4 Eier, $^1/_4$ Liter Milch, 1 Unze Öl koche, daß eine Masse daraus entsteht. Auf eine Platte tue vorsichtig etwas Öl, laß es kochen, tue die Masse, welche du zubereitet hast (in Form von Eiern) hinein, einen Teil, wenn er gekocht hat, tue auf eine runde Schüssel, gieße Honig darüber, streue Pfeffer darüber und richte es an.

308. Süßer Käse — Quarkkäse.

Bereite ihn aus saurer Milch, Pfeffer und Brühe, Honig, Salz, Öl und Koriander. (Bei Lister heißt der Satz: Mel castum. Pipere et liquamine, vel sale, oleo et coriandro = Reiner Honig. Mit Pfeffer, Brühe, auch Salz, Öl und Koriander).[1]

309. Zwiebelgewächse.[2]

Richte sie mit Öl, Brühe und Essig an und bestreue sie mit ein wenig Kümmel.

Auf andere Art: Eingeweichte[3] Bulben koche auch im Wasser, dann röste sie in Öl. Die Soße mache so: (Koche) Thymian, Polei, Pfeffer, Majoran, Honig und ein wenig

---

[1]) Hummelberg deutet: mel castum, quod purum = Reiner Honig, oder auch nach Lister: mel castum = mel primum oder coctum = besten gekochten Honig.

[2]) bulbos. Plin. H. N. XIX, XX 40.

[3]) Lister schreibt hier: tundis — zerstoßene, statt fundis = infundis, was wohl nicht erklärlich ist.

Essig und wenn es paßt mit etwas Brühe; streue Pfeffer darüber und richte es an.

310. Auf andere Art.

Gesottene Bulben verrühre zu einem Brei; tue Thymian, Majoran, Feigendatteln (Dattelwein?), Honig, Essig, eingekochten Most, Brühe und ein wenig Öl hinzu. Streue Pfeffer darüber und richte es an.

311.

(Varro sagt in bezug auf Bulben: Dieselben sollen zur Liebe reizen, auch bilden dieselben bei Hochzeitschmäusen eine beliebte Speise, aber auch mit Pinienkernen oder auch mit dem Saft der Eruka[1]) und Pfeffer.)

312. Auf andere Art.

Die Bulben röste (brate) und richte sie mit Weinbrühe an.

313. Buchen-Pilze (Morcheln) und Champignons.

Siede sie heiß (d. h. laß sie schnell kochen) in eingekochtem Garum,[2]) zu welchem Pfeffer genommen wurde, d. h. wenn Pfeffer mit Brühe verrieben ist.

314. Auf andere Art.

Pfeffer, eingesottener Wein, Essig und Öl (wird zum Kochen der Pilze verwendet).[3])

315. Auf andere Art.

Dieselben werden mit Salz, Öl und reinem Wein[4]) gesotten und mit geschnittenem Koriander aufgetragen.

---

[1]) eruca = weißer Senf. Plin. XVII 27 fut.
[2]) garum = besondere, berühmte Fischbrühe der Römer. Plin. XXXI 43.
[3]) Die Lesart bei Schuch: in fungis farneis statt fagineis führt derselbe zurück auf einen Baum, dessen Wurzeln eine farnähnliche Gestalt hatten und welcher eine Eichenart sei. Vielleicht ist hier eine besondere Art Pilz gemeint.
[4]) mero kann ebensowohl mit vinum — Wein, als auch mit undae — Wasser in Verbindung gedacht werden.

316. Morcheln.¹)
Sie werden in gesottenem Wein und einem Bündchen Koriander gekocht und aufgetragen, nachdem die Bündchen herausgenommen sind.

317. Auf andere Art.
Die Stengel²) derselben werden mit Brühe gekocht, auch mit Salz bestreut und angerichtet.

318. Auf andere Art.
Die Stengel (Strünke)²) derselben werden in ein Geschirr geschnitten und mit Eidotter übergossen unter Hinzufügen von Pfeffer, ein wenig Liebstöckel und mit Honig, Brühe und ein wenig Öl abgeschmeckt.

319. Trüffeln.
Die Trüffeln³) schäle, blanchiere (siede) sie, streue Salz daran und reihe sie an Speiler, brate sie an und tue in eine Kasserolle Öl, Brühe, eingesottenen Wein, Wein, Pfeffer und Honig; wenn es gekocht hat, ziehe es mit Kraftmehl ab; richte die Trüffeln schön an und trage sie auf.

320. Auf andere Art.
Die in Salzwasser gesottenen Trüffeln hefte an Speiler und brate sie an. In eine Kasserolle tue Brühe, frisches Öl, gesottenen Wein, etwas Wein und gestoßenen Pfeffer; laß es mit ein wenig Honig kochen; wenn es gekocht hat, ziehe es mit Kraftmehl ab, tue die aufgesteckten Trüffeln hinzu und laß sie mit aufkochen; wenn es gut gekocht hat, richte es schön an und trage es auf. Du kannst auch, wenn du willst, diese Trüffeln in ein Schweinsnetz wickeln, braten und so anrichten.

---

[1] boletos — Morchel. Plin. XXII 46.
[2] Die Deutung von coliulos in No. 317 als Stengel und 'von' thyrsos' in No. 318 als Strunk ist für Morcheln nicht wohl erklärlich, da ja beide Teile der Morcheln an und für sich heute mit verwendet werden und als Einzelteile der Morchel wohl kaum ein besonderes Gericht dargestellt haben können.
[3] tubera — Trüffeln. Plin. XIX 11, 13.

321. Auf andere Art.
Weinbrühe, Pfeffer, Liebstöckel, Koriander, Raute, Brühe, Honig, Wein und ein wenig Öl mache heiß (mit den Trüffeln) und richte sie an.

322. Auf andere Art.
Die Trüffeln mache in Pfeffer, Minze, Raute, Honig, Öl und ein wenig Wein heiß und richte sie an.

323. Auf andere Art.
Siede die Trüffeln mit Porree, dann salze und pfeffere sie und richte sie mit geschnittenem Koriander und bestem Wein[1]) an.

324. Auf andere Art.
Dieselben werden mit Pfeffer, Kümmel, Silphium, Minze, Sellerie, Raute, Honig, Essig, auch Wein, Salz, Brühe und etwas Öl gesotten.

325. Colocasien.
Die Colocasie[2]) koche mit Pfeffer, Kümmel, Raute, Honig, Brühe und ein wenig Öl; wenn es gekocht ist, ziehe es mit Kraftmehl ab.

326. Schnecken mit Milch gemästet.
Nimm Schnecken,[3]) reinige sie mit einem Schwamme, ziehe sie aus ihrem Häuschen (so daß man sie herausbringt). Lege sie einen Tag in ein Gefäß mit Milch und Salz; die folgenden Tage erneuere die Milch und säubere die Schnecken stündlich von ihrem Schmutz (Schleim); wenn sie gemästet sind, daß sie sich nicht (in ihr Haus)

---

[1]) mero scil. vino = optimo = fortissimo = besten, stärksten Wein (Lister).
[2]) colocasia — nom. prop. Agyptisches Bohnenkraut. Plin. XXI 51, 102.
[3]) cochleas = Schnecken. Plin. VIII 59, IX 52, 82.

zurückziehen können, brate sie in Öl und tue Weinbrühe hinzu.
Ebenso konnten sie auch mit Milchbrei gemästet werden.[1]

327. Schnecken nur mit Salz und Öl gebraten.
Gieße Laser, Brühe, Pfeffer und Öl dazu.

328. Auf andere Art.
Die lebenden Schnecken übergieße mit Milch und Weizenmehl, wenn sie gemästet sind, koche sie.

329. Gebratene Eier in Weinbrühe.
Koche die Eier und gieße Brühe, Öl, reinen Wein oder Weinbrühe, Pfeffer und Laser hinzu.
Eier ohne Schale. (Verlorene Eier — Pochierte Eier?) Bereite sie mit Pfeffer, Liebstöckel, Pistazienkernen, Honig, Essig und Brühe.

VIII. Buch.
Von den Vierfüßlern.

330. Wildschwein so schmackhaft gemacht.[2]
Nachdem es gereinigt und mit Salz und gestoßenem Pfeffer bestreut ist, bleibt es so liegen; andern Tags stelle es in den Ofen; wenn es gekocht (gebraten) ist, wird es mit gestoßenem Pfeffer bestreut. Gewürze zum Wildschwein: Geriebener Pfeffer, Honig, Brühe, gesottener Wein und Rosinenwein.

---

[1] Es scheint der Hergang der Mästung so gewesen zu sein: Man öffnete das Schneckenhaus, so daß die Schnecke Nahrung zu sich nehmen konnte, es wurde dazu nur so viel Milch verwendet, daß sie nicht darin ertrinken konnten; waren sie nun feist, so war ihr Leib so stark, so daß sie ihn nicht in das Haus zurückziehen konnte und das war der Moment, wo man sie zubereitete.

[2] aper = Wildschwein. Plin. VIII [78].

331. Auf andere Art.

Siede das Wildschweine(fleisch) in Meerwasser[1]) mit Lorbeerzweigen; wenn es erweicht ist, ziehe die Haut (Schwarte) ab, trage es auf mit Salz, Senf und Essig.

332. Auf andere Art.

Reibe Pfeffer, Liebstöckel, Majoran, ausgekernte Myrtenbeeren, Koriander und Zwiebel; gieße Honig, Wein, Brühe und etwas Öl hinzu, mache es heiß, ziehe es mit Kraftmehl ab und gieße es zum Wildschwein, welches im Ofen schmort. So mache es auch mit allen Arten Wildfleisch.

333. Zu gebratenem Wildschwein mache folgende Soße:

Pfeffer, gestoßenen Kümmel, Selleriesamen, Minze, Thymian, Safranblumen[2]) geröstete Pinienkerne, geröstete Mandeln, Honig, Wein, Brühe, Essig und ein wenig Öl (heißgemacht).

334. Auf andere Art.

Pfeffer, Liebstöckel, Selleriesamen, Minze, Thymian und geröstete Pinienkerne; Wein, Essig, Brühe und ein wenig Öl. Wenn der einfache Sud (soll wohl die Brühe sein, in welcher das Fleisch siedet) kocht, dann tue die geriebene Masse daran und vermenge es mit Zwiebel und einem Bündchen Raute; willst du die Soße fett (gut) machen, füge noch flüssiges Eiweiß zu, rüttele die Soße behutsam, streue geriebenen Pfeffer darüber und richte es an.

335. Soße zu gesottenem Wildschwein.

Pfeffer, Liebstöckel, Kümmel, Silphium,[3]) Majoran, Pistazienkerne, Feigendatteln, Honig, Senf, Essig, Brühe und Öl.

---

[1]) aqua marina = Seewasser, oder auch eine chemisch hergestellte salzige Flüssigkeit, in welche die Fleischstücke hineingelegt oder gekocht wurden, damit sie mürbe wurden.
[2]) cnicus — Plin. XXI 15.
[3]) Schuch hat: sil — Seselkraut statt silphium.

336. Kalte Soße zu gesottenem Wildschwein.
Pfeffer, Feldkümmel, Liebstöckel, gestoßenen Koriandersamen, Dillsamen, Selleriesamen, Thymian, Majoran, Zwiebeln, Honig, Essig, Senf, Brühe und Öl.

337. Auf andere Art.
Pfeffer, Liebstöckel, Kümmel, Dillsamen, Thymian, Majoran, etwas Silphium, etwas mehr Erucasamen,[1]) gieße reinen Wein zu, etwas grüne Kräuter, Zwiebel, geriebene Pontische Mandeln, Datteln, Honig, Essig und etwas reinen Wein; färbe es mit eingekochtem Most, Brühe und Öl.

338. Auf andere Art Wildschwein.
Reibe Pfeffer, Liebstöckel, Majoran, Selleriesamen, Laserwurzel, Kümmel, Fenchelsamen, Raute, Brühe, Wein und Rosinenwein, laß es kochen, wenn es gekocht hat, ziehe es mit Kraftmehl ab, bedecke das Fleisch innen und außen damit (laß es von allen Seiten durchziehen) und richte es an.

339. Vorderschinken von Wildschwein frisch gefüllt.
Durch das Gelenk des Schinken stecke einen Pfahl, so daß du das Fleisch vom Knochen lösen und die Füllung mit einem Trichter hineinfüllen kannst. Reibe Pfeffer, Lorbeerbeeren, Raute, auch wenn du willst, füge Laser hinzu, beste Brühe, eingesottenen Most und träufele frisches Öl zu.

340.
Wenn die Füllung geschehen ist, binde jenen Teil, welcher gefüllt ist, in ein leinenes Tuch, tue es in einen Kochtopf und laß es in Meerwasser mit jungen Lorbeerzweigen und Dill sieden.[2])

---
1) eruca — weißer Senf.
2) Dieser Satz gehört unstreitig zu No. 339.

341. Soße (Sud) zum Hirsch.[1]

Reibe Pfeffer, Liebstöckel, Feldkümmel, Majoran, Selleriesamen, Laserwurzel und Fenchelsamen, gieße Brühe, Wein, Rosinenwein und etwas Öl unter, laß es kochen, ziehe es mit Kraftmehl ab, bedecke das Fleisch innen und außen damit (laß es von allen Seiten [intro feras] durchziehen) und richte es an.

342. Schaufler,[2] Damwild

mache gleichfalls so, auch ist bei allen Arten Hirschwild dieselbe Würze gebräuchlich.

343. Hirsch auf andere Art gesotten und gebraten.

Reibe Pfeffer, Liebstöckel, Feldkümmel und Selleriesamen, fülle Honig, Essig und Öl auf, laß es heiß werden, ziehe es mit Kraftmehl ab und übergieße das Fleisch damit.

344. Soße zum Hirsch.

Pfeffer, Liebstöckel, Zwiebeln, Majoran, Feigendatteln, Honig, Brühe, Senf, Essig und Öl.

345. Hirsch-Würze.

Pfeffer, Kümmel, Gewürze, Petersilie, Zwiebel, Raute und Minze; Honig, Brühe, Rosinenwein, gesottenen Wein und etwas Öl laß kochen, wenn es kocht, ziehe es mit Kraftmehl ab.

346. Hirsch mit heißer (scharfer) Soße.

Pfeffer, Liebstöckel, Petersilie, Kümmel, geröstete Pinienkerne oder Mandeln, fülle mit Honig, Essig, Wein, ein wenig Öl und Brühe und verrühre diese Soße.

---

[1] cervus — Hirsch. Plin. VIII 50.
[2] platyceros = Schaufler. Plin. XI 46.

347. Gebratener Hirsch.

Pfeffer, Nardenblätter, Selleriesamen, trockene Zwiebel und grüne Raute fülle mit Honig, Essig und Brühe auf, füge Datteln, Rosinen und Öl hinzu.

348. Auf andere Art gebratener Hirsch mit scharfer Soße.

Pfeffer, Liebstöckel, Petersilie und eingeweichte Damaszener Pflaumen fülle mit Wein, Honig, Essig, Brühe und etwas Öl auf und verrühre es mit Porree und Saturei.

349. Gemse[1]) mit Soße.

Pfeffer, Liebstöckel, Feldkümmel, Kümmel, Petersilie und Rautensamen fülle mit Honig, Senf, Essig, Brühe und Öl auf.

350. Eine andere Soße zu gebratener Gemse.

Pfeffer, Kräuter, Raute und Zwiebel fülle mit Honig, Brühe, Rosinenwein und etwas Öl auf, wenn es kocht, ziehe es mit Kraftmehl ab.

351. Auf andere Art.

Pfeffer, Kräuter (Gewürze), Petersilie, etwas Majoran und Raute fülle mit Brühe, Honig, Rosinenwein und etwas Öl auf und ziehe es mit Kraftmehl ab.

352. Soße zu wilden Eiern[2])

(Eier von Wildgeflügel) siede. Pfeffer, Liebstöckel, Kümmel, trockene Minze, Thymian und Silphium werden mit Wein gemischt, aufgeweichte Damaszener Pflaumen, Honig, Wein, Brühe, Essig, Rosinenwein zum Färben und Öl dazu getan und mit einem Bukett Majoran und trockener Minze verrührt.

---

[1]) capra — Gemse. Plin. VIII 79.
[2]) ovi fero sollte es nicht etwa omni fero — alles Wild — heißen? In der Rezeptangabe deutet nichts auf eine Verwendung von Eiern hin, wohl aber von Wild; aber auch der folgende Satz: die Herstellung von Soße zu allen Arten Wildbret läßt eher meine Annahme berechtigt erscheinen; ebenso der Satz unter No. 354: Jus frigidum in omni fero.

353. Soße zu allen Arten Wildbret gesotten und gebraten.

8 Scrup. Pfeffer, 6 Scr. Raute, 6 Scr. Liebstöckel, 6 Scr. Selleriesamen, 6 Scr. Wacholderbeeren, 6 Scr. Thymian, 6 Scr. grüne Minze, 3 Scr. Polei, dies alles zerreibe zu einem feinen Pulver, mische es zu einer Masse, reibe es, tue es in ein Gefäß mit Honig, so daß es genug ist und verbrauche es dann mit säuerlicher Fischbrühe.

354. Kalte Soße zu allem Wild.

Pfeffer, Liebstöckel, Thymian, gestoßenen Kümmel, geröstete Pinienkerne, Honig, Essig, Brühe und Öl. Bestreue es mit Pfeffer.

Vom Rind und vom Kalbe.

355. Geröstetes Kalbfleisch.[1)]

Pfeffer, Liebstöckel, Selleriesamen, Kümmel, Majoran, Zwiebel und Rosinen, Honig, Essig, Wein, Brühe, Öl und eingekochten Most.

356. Kalb- oder Rindfleisch

mit Porree[2)] gespickt oder mit Zwiebel oder mit Colocasien; Brühe, Pfeffer, Laser und ein wenig Öl.

357. Gesottenes Kalbfleisch.

Reibe Pfeffer, Liebstöckel, Feldkümmel, Selleriesamen, gieße Honig, Essig, Brühe und Öl dazu; laß es heiß werden, ziehe es mit Kraftmehl ab und übergieße das Fleisch damit.

[1)] Es ist bei allen diesen Rezepten anzunehmen, daß es ein Sud sein soll, in welchem das Fleisch gekocht oder welcher dem gekochten oder gebratenen Fleische beigegeben wurde.

[2)] succidaneis statt cidaneis, cidoneis — sitaneis = eine Art Zwiebel? Es könnte aber auch abgeleitet sein von succidia = ein abgeschnittenes Stück Speck.

358. Auf andere Art.

Pfeffer, Liebstöckel, Fenchelsamen, Majoran, Pinienkerne und Feigendatteln mische mit Honig, Essig, Brühe, Senf und Öl.

Von der Ziege und vom Lamme.

359. Ziegen- oder Lamm-Leckerbissen.

Pfeffer und Brühe koche mit Kletterbohnen,[1]) gieße Brühe, Pfeffer, Laser und gestoßenen Kümmel daran, (verdicke es) mit Mundbrot und ein wenig Öl.

360. Auf andere Art.

Ziegen- oder Lammfleisch[2]) heiß gesotten. Tue in eine Kasserolle die Leckerbissen (obigen Fleisches). Schneide Zwiebel und Koriander klein; reibe Pfeffer, Liebstöckel, Kümmel mit Brühe, Öl und Wein und koche es; tue es auf eine Schüssel und ziehe es mit Kraftmehl ab.[3])

361. Auf andere Art.

Zu dem Lammfleisch muß das im Mörser Geriebene (die Gewürze usw.) roh genommen werden;[4]) auch zum Ziegenfleisch, wenn es gekocht wird, nimm das Geriebene roh hinzu.

362. Gebratenes Ziegen- oder Lammfleisch.

Das Gekochte des Ziegenfleisches, das zuvor in Brühe und Öl gekocht und zerschnitten ist, untergieße mit Pfeffer, Laser, Brühe und ein wenig Öl; brate es dann auf einem Roste, streue Pfeffer darüber und richte es an.

---

[1]) phaseolus = Kletterbohne. Plin. XXVII [70].
[2]) haedinus — aedinus = junger Ziegenbock. Plin. VIII [76], XXVIII [42].
[3]) Das Abziehen geschah jedenfalls vor dem Anrichten.
[4]) d. h. es muß das betreffende Fleisch, noch bevor es gekocht oder gesotten wird, roh mit den Gewürzen zugesetzt werden.

363. Auf andere Art.

½ Unze[1]) Pfeffer, 6 Scrup. Aser,[2]) etwas Ingber, ½ Liter beste Brühe und 1 Löffel Öl.

364. Milch-Lämmer oder Ziegen

(an der Brust, Milch säugende Lämmer oder Ziegen). Wenn das Tier sorgfältig vom Halse aus ausgebeint ist, so daß es einen Schlauch bildet, und die Eingeweide desselben unverletzt herausgenommen sind, so daß man in die Öffnung (in den Kopf) hineinblasen kann und der äußere Teil vom Schmutz gereinigt ist, wird es im Wasser sorgfältig gewaschen und so mit vermischter Brühe gefüllt, an der Schulter zugenäht und in den Ofen gestellt; wenn es gekocht ist, wird zu dem Safte kochende Milch gegossen mit geriebenem Pfeffer, Brühe, eingesottenem Wein, etwas eingekochtem Most und auch Öl und der schon kochenden Masse füge Kraftmehl zu. Sicherer ist es, du tust es in ein Netz, Säckchen oder Körbchen und bindest es fest zu. Zu dem Kochenden im Topfe füge etwas Salz bei. Wenn jenes dreimal gut aufgekocht hat, nimm es heraus und koche es von neuem mit dem oben beschriebenem Sude; dann werden die Gewürze zu dem Gekochten gegossen.

365. Auf andere Art.

Ein Sechsteil[3]) Milch, 4 Unzen[4]) Honig, 1 Unze Pfeffer, etwas Salz, ein wenig Laser, 8 Unzen geriebene Datteln, dazu ein Glas[5]) voll Öl, ein Glas voll Brühe, 1 Glas voll Honig, ¼ Liter[6]) guten Wein und etwas Kraftmehl.

---

[1]) uncia = ca. 15 Gramm.
[2]) asarum — Haselwurz. Plin. XII 27, XXI 16, 78.
[3]) sextarium = ca. ½ Liter.
[4]) uncia = ca. 15 Gramm.
[5]) acetabulum = 0,066 Liter.
[6]) hemina = 0,266 Liter.

366. Ziegen- oder Lammfleisch roh zugesetzt.[1]

Reibe es äußerlich mit Öl, Pfeffer, mit vielem, reinem Salz und Koriandersamen ein, tue es in die Bratröhre und trage es gebraten auf.

367. Ziegen- oder Lammfleisch auf Tarpejanische Art.

Vor dem Kochen wird es passend zusammengenäht. Nimm Pfeffer, Raute, Saturei, Zwiebel, etwas Thymian und feuchte es mit Brühe an; das Fleisch dünste in einer flachen Pfanne, die mit Öl ausgestrichen ist, im Ofen weich. Wenn es weich gekocht ist, tue folgende Füllung in die Pfanne: Reibe Saturei, Zwiebel, Raute und Datteln, Brühe, Wein, eingesottenen Wein und Öl; wenn es gut durchzogen ist, tue die Füllung auf eine runde Schüssel, streue Pfeffer darüber und trage es auf.

368. Gemästetes Ziegen- oder Lammfleisch.

Tue es in die Bratröhre; reibe Pfeffer, Raute, Zwiebel, Saturei, ausgekernte Damaszener Pflaumen, etwas Laser, Wein, Brühe und Öl. Der Wein wird heiß in eine runde Platte gegossen, von welcher er mit einem Löffel genommen (genossen) wird.[2]

369. Ziegenfleisch mit Lorbeer in Milch.[3]

Richte Ziegenfleisch vor, beine es aus, nimm die Eingeweide mit dem Magen heraus und wasche es; tue in einen Mörser Pfeffer, Liebstöckel, Laserwurzel, 2 Lorbeerbeeren, etwas Pyrethrum, 2 oder 3 Gehirn, das alles reibe, gieße Brühe unter und schmecke es mit Salz ab. Über das Geriebene

---

[1] Das Fleisch im rohen Zustande mit Gewürzen bestreut und damit eingerieben.
[2] ex aceto sumitur — mit Bezug auf den Wein — dem die Schärfe, Säure entzogen wird; oder auch aceto für acetabulo aus der Schüssel mit dem Löffel genießen?
[3] laureatus kann auch hier die Bedeutung als bestes, mit Lorbeer gekröntes haben.

seihe 2 Sextare Milch und 2 Löffelchen voll Honig und fülle diese Füllung zwischen hinein; tue nun das so gefüllte Ziegenfleisch in eine Netzhaut oder in Pergament,[1]) schließe es mit Speilern, richte es in einer Kasserolle oder auf einer Platte ein und füge Brühe, Öl und Wein hinzu, daß es halb zum Kochen kommt. Reibe Pfeffer und Liebstöckel, untergieße es mit dem eigenen Sud (des geschmorten Fleisches) und etwas eingekochtem Most, reibe es, gieße es in die Kasserolle; wenn es gut verkocht ist, richte es zierlich an, ziehe den Sud mit Kraftmehl ab und trage es auf.

370. Lammfleisch auf einfache Art.

Von dem abgezogenen Lamme mache kleine Leckerbissen (Koteletten?), wasche sie und richte sie sorgfältig in einer Kasserolle ein, füge Öl, Brühe, Wein, Porree und mit einem Messer zerschnittenen Koriander hinzu; wenn es zu kochen beginnt, verrühre den Fond mit Zwiebel und richte es an.

371. Ziegenfleisch mit Laser.

Die gut gereinigten Eingeweide der Ziege fülle mit Pfeffer, Brühe, Laser und Öl, tue sie zurück in deren Leib, nähe es gut zusammen, so daß beides zusammen kocht; wenn es gekocht hat, stoße im Mörser Raute und Lorbeerbeeren und übergieße das herausgenommene und abgetropfte Ziegenfleisch mit seinem eigenen Safte und trage es so auf.

372. Gefülltes Schwein auf zweierlei Art.[2])

Bereite das Schwein, nimm es bei der Kehle (beim Halse) aus; vordem es steif geworden ist, öffne unter dem Ohre die Haut; fülle in eine Rindsblase Tarentinische Füllung und befestige eine Röhre — wie sie der Käfigbauer ver-

---

[1]) Nach Art der cotelettes en papillotes.
[2]) porcellus = ein kleines Schwein. Plin. VIII 77.

wendet — in dem Halse der Blase, durch welche die Füllung in das Ohr gedrückt wird, so viel als hinein geht; nachdem verschließe es mit einer Pergamenthaut und binde es zu. Zum andern bereite die Füllung wie folgt: reibe Pfeffer, Liebstöckel, Majoran, etwas Laserwurzel, feuchte es mit Brühe an, füge gekochtes Hirn hinzu, rohe Eier, gekochte Speltgraupen und den eigenen Saft, so daß es kocht; wenn es gekocht hat, tue noch kleines Geflügel, Nußkerne und ganzen Pfeffer daran, schmecke es mit Brühe ab, fülle das Schwein, verschließe mit Nadeln die Pergamenthülle, tue es in den Ofen; wenn es fertig gekocht ist, richte es schön an, bestreiche (glasiere) es und trage es auf.

373. Schwein auf andere Art.

Nimm Salz, Pfeffer, Laser und Schweinsbrühe; entferne aus dem Schwein die Gebärmutter, so daß nicht noch weitere Stücke darin verbleiben. Reibe Pfeffer, Liebstöckel, Majoran, gieße Brühe zu, füge ein Gehirn und 2 Eier bei, mische es miteinander, fülle damit das zuvor steif gemachte Schwein, nähe es zu, tue es in einem Körbchen in die kochende Brühe im Topfe. Ziehe die Nadeln (Speiler) aus dem Gekochten, daß der eigene Saft darin verbleiben kann, streue Pfeffer darüber und trage es auf.

374. Gefülltes, gesottenes Schwein.

Nimm aus dem Schwein die Gebärmutter heraus und mache sie steif; reibe Pfeffer, Liebstöckel, Majoran, feuchte es mit Brühe an, nimm genug gekochtes Hirn, schlage ebenso Eier auf und schmecke es mit Brühe ab; die unverletzt gekochte Füllung zerschneide aber, bevor das Schwein in Brühe steif gemacht ist, fülle es, nähe es zu, tue es in einem Körbchen in die kochende Brühe im Topfe; wische das Gekochte mit einem Schwamme ab und trage es ohne Pfeffer auf.

375. Gebratenes, mit Milch und Honig bereitetes (gemästetes) Schwein.

Nimm das Schwein vom Halse (von der Kehle) an aus und trockne es ab. Reibe eine Unze Pfeffer mit Honig und Wein, tue es hinein (in eine Kasserolle), daß es kocht, zerbrich getrocknete Zwieback und vermische die Teile in der Kasserolle, verrühre sie mit einem Zweige grünen Lorbeers; hat es genug gekocht und ist es glatt und fett — geschmeidig — geworden, fülle die Füllung in das Schwein, schließe es, indem du es in Pergament einhüllst, stelle es in den Ofen, garniere es und trage es auf.

376. Mit Milch gemästetes Schwein gesotten;

mit warmer oder kalter Soße auf Apicianische Art. Tue in einen Mörser Pfeffer, Liebstöckel, Koriandersamen, Minze, Raute und reibe es, feuchte es mit Brühe an, füge Honig, Wein und die heiße Brühe von dem gesottenen Schwein hinzu, breite es auf ein reines Tuch zum Abtropfen und trage es auf.

377. Vitellianisches Schwein.[1])

Bereite zahmes wie Wildschwein, streue Salz darüber und brate es im Ofen; tue in den Mörser Pfeffer, Liebstöckel, feuchte es mit Brühe an und schmecke es mit Wein und Rosinenwein ab; laß es in der Kasserolle mit ganz wenig Öl kochen, begieße das gebratene Schwein mit dem Safte desselben, so daß sie wieder unter der Schwarte desselben, eindringt.

378. Flaccianisches Schwein.[2])

Bereite das zahme Schwein wie Wildschwein, bestreue es mit Salz und stelle es in den Ofen; während es kocht, tue in den Mörser Pfeffer, Liebstöckel, Feldkümmel, Sellerie-

---

[1]) Vitellianus a Vitellio luxurioso.
[2]) Nach Flaccus Hordeonius.

samen, Laserwurzel, grüne Raute und reibe es, fülle Brühe auf, schmecke es mit Wein und Rosinenwein ab, laß es mit ein wenig Öl in der Kasserolle kochen, ziehe es mit Kraftmehl ab, nimm die Knochen vom gekochten Schwein heraus; reibe Selleriesamen wie zu Pulver, bestreue es damit und trage es auf.

379. Schwein mit Lorbeer.

Beine das Schwein aus und bereite es wie mit Weinbrühe zurechtgemacht, inzwischen verreibe es mit genug grünem Lorbeer, stelle es in den Ofen zum Braten. Tue in einen Mörser Pfeffer, Liebstöckel, Feldkümmel, Selleriesamen, Laserwurzel, Lorbeerbeeren und reibe es, fülle Brühe auf und schmecke es mit Wein und Rosinenwein ab; tue in die Kasserolle etwas Öl, laß es kochen und ziehe es ab. Nimm aus dem Schweine den Lorbeer, begieße es mit der Knochenbrühe[1]) desselben und trage es auf.

380. Frontinianisches Schwein.[2])

Beine es aus, mache es steif und richte es vor. Tue in eine Kasserolle und Wein, ziehe es ab, füge, wenn es halb gekocht ist, ein Bündchen Porree und Dill daran, sowie eingekochten Most, nimm das Gekochte heraus, laß es abtropfen, tue es auf eine Schüssel und trage es auf.

381. Schwein in Weinbrühe gekocht.[3])

Beine das Schwein aus, mache es steif und richte es vor. Tue in eine Kasserolle Öl, Brühe, Wein und Wasser mit einem Bündchen Porree und Koriander, halbeingekocht

---

[1]) jus ab osse tanges — jedenfalls wurden die ausgebeinten Knochen des Schweines besonders gekocht und die Brühe davon zum Begießen verwendet.
[2]) Nach Julius Frontinus.
[3]) Schuch schreibt: aeno coctum in kupfernem Gefäße gekocht, worin es schneller weich wurde.

färbe es mit eingesottenem Most; tue in einen Mörser Pfeffer, Liebstöckel, Feldkümmel, Majoran, Selleriesamen und Laserwurzel, verreibe es, feuchte es mit Brühe und dem eigenen Safte (des gekochten Fleisches) an und schmecke es mit Wein und Rosinenwein ab; tue es mit in die Kasserolle, laß es kochen; wenn es gekocht hat, ziehe es mit Kraftmehl ab, tue das so bereitete Schwein auf eine Platte, begieße es, streue Pfeffer darüber und trage es auf.

382. Schwein nach Art des Celsinus.

Bereite es vor und lege es — und begieße es mit Pfeffer, Raute, Zwiebel, Saturei und seinem Safte, gieße Eier in das Ohr (?)[1]) Richte es auf einer Schüssel[2]) mit Pfeffer, Brühe und ein wenig Wein an, schmecke es ab und verwende es.

383. Gebratenes Schwein.

Reibe Pfeffer, Raute, Saturei, Zwiebel und das Gelbe halbgekochter Eier mit Brühe, Wein, Öl und Gewürze; mit den gekochten Gewürzen begieße das Schwein im Kochtopf und richte es an.

384. Schwein mit Gartenkräutern

(auf Gärtner-Art = à la jardinière?). Das mit Gartenkräutern zu füllende Schwein wird vom Halse aus ausgebeint, fülle den Bauch wie gebräuchlich mit Hühner-Würsten[3]) (Füllung) klein geschnitten, mit Drosseln, Feigenfressern, Schweinswurst,[4]) Lucanischer Wurst, ausgekernten Datteln, angeräucherten Bulben (Meerzwiebeln — die zum

---

[1]) per auriculam.
[2]) acetabulum — an dieser Stelle ist unter acetabulum nicht ein Gemüse, sondern ein bestimmtes Gefäß, eine Schüssel von einer bestimmten Form zu verstehen.
[3]) Lister hat hier pulsus statt pullus.
[4]) isicia de pulpa sua = Würste von seinem Fleische.

Gebrauch angeräuchert wurden), ausgebrochene Schnecken, Malven, Beeten, Porree, Sellerie, gesottene Kohlstrünke, Koriander und ganzen Pfeffer und Nüsse und rühre noch 15 Eier unter; in gepfefferte Brühe werden noch 3 Eier[1]) getan; dann wird es zugenäht, steif gemacht und im Ofen gebraten. Dann zerlege (zerteile) den Rücken und begieße ihn mit dieser Soße: Geriebenen Pfeffer, Raute, Brühe, Rosinenwein, Honig und ein wenig Öl; wenn es gekocht hat, füge Kraftmehl zu.

385. Kalte Soße zu gesottenem Schwein

mache so: Reibe Pfeffer, Feldkümmel, Dill, ein wenig Majoran und Pinienkerne, fülle Essig, Brühe, eingesottenen Wein, Honig und präparierten Senf auf; träufele Öl darüber, bestreue es mit Pfeffer und trage es auf.

386. Trajanisches Schwein[2])

mache so: Beine das Schwein aus und wenn du es zubereitet hast wie mit Weinbrühe, hänge es in den Rauch; erwäge die Zeit, wie lange du es räucherst, so viel mußt du Salz in den Topf tun; siede es, daß es gekocht ist; abgetrocknet trage es auf einer Platte auf und erneuere das Salz.

387. Vom Wildschwein.

Hierzu verwende 1 Unze Pfeffer, $1/_2$ Liter Wein, den vierten Teil davon vom besten Öl und etwas weniger Brühe.

388. Schwein mit Koriander.[3])

Brate das Schwein sorgfältig. Reinige den Mörser und reibe darin Pfeffer, Dill, Majoran und grünen Koriander, mische es mit Honig, Wein, Brühe, Öl, Essig und eingekochtem

---

[1]) Schuch schreibt: uva mittuntur trica — welche Lesart unverständlich ist.
[2]) Die Lesart ist verschieden, so: trajanum — taricanum — tarpejanum — taricarum etc.
[3]) Die Nummern 388—394 sind im Lister nicht angegeben.

Most; dies alles gieße heiß gemacht darüber, streue Rosinen, Pinienkerne und geschnittene Zwiebel darüber und trage es so auf.

389. Schwein in kupfernem Geschirr gekocht.[1]

Nimm das Schwein, bereite es vor und koche es in Öl und Brühe; wenn es gekocht ist, tue in den Mörser Pfeffer, Raute, Lorbeerbeeren, Brühe, Rosinenwein oder abgesottenen Wein und alten Wein, reibe so alles und schmecke es ab, richte es auf einer kupfernen Platte an und trage es auf.

390. Schwein in seiner eigenen Brühe.

Koche es durch, dann nimm es aber heraus, ziehe die Brühe mit Kraftmehl ab, tue es so in ein Geschirr und trage es auf.

391. Schwein mit Thymian bestreut.

Ein Milchschwein, tags vorher getötet, koche in Salz und Dill, lege es in kaltes Wasser, tauche es beständig unter, daß es eine weiße Farbe erhält; dann nimm grüne Kräuter als: Thymian, etwas Polei, harte Eier, fein geschnittene Zwiebeln, streue alles darüber und würze es mit einem halben Liter Brühe, einem Pfunde Öl, einem Pfunde Rosinenwein und reiche es so dar.

392. Schwein mit saurer Brühe.

Das gut zubereitete Schwein tue in folgende Brühe: Tue in einen Mörser 50 Gran[2]) Pfeffer, soviel Öl, als dazu gehört, drei trockene Zwiebeln, ein wenig grünen oder trockenen Koriander, $\frac{1}{2}$ Liter Brühe, $\frac{1}{2}$ Liter Öl und $\frac{1}{2}$ Liter Wasser, schmecke es ab und tue es so in eine Kasserolle und tue das Schwein hinein; wenn es zu kochen

---

[1]) Siehe auch N. 381.
[2]) grana = soll als Gewicht wohl soviel als 1 Korn bedeuten.

beginnt, rühre die Zwiebelbrühe, daß sie dick wird. Wenn die Soße geringer gemacht werden soll, füge noch ½ Liter Wasser zu, laß es so durchkochen und trage es auf.

393. Schwein mit Laserpitium.

Reibe im Mörser Pfeffer, Liebstöckel, Feldkümmel, mische es mit ein wenig Kümmel und Laserwurzel, fülle Essig auf, füge Pinienkerne, Feigendatteln, Honig, Essig und Brühe und präparierten Senf hinzu, schmecke alles mit Öl ab und begieße es (das Schwein).

394. Schwein mit Brühe.

Tue in den Mörser Pfeffer, Liebstöckel, auch Dill, Koriander, Raute, Lorbeerbeeren und reibe es, fülle Brühe auf, auch Porree, Rosinenwein oder ein wenig Honig, ein wenig Wein und ein gleiches Quantum Öl; wenn es gekocht hat, ziehe es mit Kraftmehl ab.

395. Mürbe gemachter Hase.[1]

Der Hase wird vorher ein wenig in Wasser vorgekocht, darauf in eine Pfanne getan und ebenso mit Öl im Ofen gekocht und wenn er dann letzlich gekocht ist, wird er mit anderem Öl und folgenden Gewürzen begossen: Reibe Pfeffer, Saturei, Zwiebel, Raute und Selleriesamen mit Brühe, Wein, Laser und ein wenig Öl; er wird dann einige Male umgedreht und in diesen Gewürzen selbst durchgekocht.

396. Ebenso auf andere Art mit Füllsel.

Er muß zunächst aufgehoben (altschlachten, einige Zeit vorher geschossen oder getötet) sein. Dann reibe Pfeffer, Datteln, Laser, Rosinen, eingekochten Wein, Brühe und Öl; lege den Hasen in diesen Sud, mit welchem er kocht, wenn er gekocht hat, streue Pfeffer darüber und trage ihn auf.

---

[1] Schuch hat hier acidum — sauer gemacht.

397. Gefüllter Hase.

Ganze Nußkerne, Mandeln, geschnittene Walnüsse (Bucheckernnüsse), ganze Pfefferkörner werden mit Hasenfleischstücken und ausgeschlagenen Eiern in einem Schweinsnetz in den Ofen getan. Ferner mache folgende Füllung: Raute, genug Pfeffer, Zwiebel, Saturei, Datteln, Brühe, eingesottenen Wein oder gewürzten Most. Wenn es sonach eingekocht ist, bis es dick geworden, wird es untergegossen, der Hase aber verbleibt in der Pfeffer- und Laserbrühe.

398. Weiße Soße zu gebratenem Hasen.

Pfeffer, Liebstöckel, Kümmel und Selleriesamen reibe, verbinde sie mit halbhartem Eigelb und mache einen Teig daraus. In einer kleinen Kasserolle koche Brühe, Wein, Öl, ein wenig Essig und geschnittene Zwiebel; dann tue den Teig der Gewürze daran, verkoche es mit Majoran oder Saturei und ziehe es ab.

399. Hase auf andere Art.

Aus Blut, Leber und Lunge des Hasen bereite das Hasenklein. Tue in eine Kasserolle Brühe und Öl und laß es mit klein geschnittenem Porree und Koriander kochen, tue die Leber und Lunge dazu; wenn es gekocht ist, reibe Pfeffer, Kümmel, Koriander, Laserwurzel, Minze, Raute und Polei und fülle Essig auf. Füge zu der Leber des Hasen das Blut und reibe es; tue Honig und den eigenen Fond (des Hasen) dazu und schmecke es mit Essig ab. Fülle es in eine Kasserolle um, tue die kleingeschnittenen Hasenlungen dazu, laß es kochen; wenn es gekocht hat, ziehe es mit Kraftmehl ab, streue Pfeffer darüber und trage es auf.

400. Hasen im eigenen Safte.

Richte den Hasen vor, beine ihn aus und tue ihn in die Kasserolle, fülle Öl, Brühe, Kochbrühe, ein Bündel Porree,

Koriander und Dill auf; während es kocht, tue in den Mörser Pfeffer, Liebstöckel, Kümmel, Koriandersamen, Laserwurzel, trockene Zwiebel, Minze, Raute, Selleriesamen, reibe es und fülle Brühe nach; füge noch Honig und den eigenen Fond unter und schmecke es mit eingesottenem Most und Essig ab, laß es kochen, wenn es gekocht hat, ziehe es mit Kraftmehl ab. Richte den Hasen hübsch an, streue Pfeffer darüber und trage ihn auf.

401. Hase auf Passenianer Art.[1]

Bereite den Hasen vor, beine ihn aus, spreize ihn aus und hänge ihn in den Rauch; wenn er angeräuchert ist (Farbe genommen hat) laß ihn halb ankochen, wasche ihn, streue Salz darüber und fülle Weinbrühe auf. Reibe im Mörser Pfeffer und Liebstöckel, fülle Brühe und Wein auf und schmecke es mit Wein und Brühe ab (verdünne es); tue in die Kasserolle etwas Öl und laß es kochen; wenn es gekocht hat, ziehe es mit Kraftmehl ab; von dem gebratenen Hasen löse den Rücken aus, streue Pfeffer darüber und trage ihn auf.

402. Hasenwürste.

Auf dieselbe Art würze mit derselben Würze die Hasenstücken, mische sie mit eingeweichten Nüssen, wickle sie in ein Schweinsnetz ein, binde eine Pergamenthaut darüber und speilere die Zipfel (die Enden) zusammen.

403. Hasenfülle (Wurst).

Bereite den Hasen, richte ihn vor und teile ihn in viereckige Stücke. Tue in den Mörser Pfeffer, Liebstöckel und Majoran, feuchte es mit Brühe an, füge gekochte Hühnerlebern, gekochtes Hirn, die geschnittenen Hasen-

---

[1] Passenianus? Nach Pescenius Nigrus oder nach Crispus Passienus Nero oder Passicus Paulus oder nach Crispus Passicus, dem Redner? Oder abgeleitet von passer — auf Sperlingsart?

stücken und 3 rohe Eier zu und schmecke es mit Brühe ab (verdünne es); wickle es in ein Schweinsnetz, binde Pergamenthaut darüber (verschließe es damit) und speilere die Enden zusammen und brate es an gelindem Feuer. Reibe im Mörser Pfeffer und Liebstöckel, fülle Brühe auf und verdünne es mit Wein und Brühe; laß es kochen, wenn es gekocht hat, ziehe es mit Kraftmehl ab, untergieße den gebratenen Hasen damit (doch wohl die Hasenwürste), streue Pfeffer darüber und trage sie auf.

404. Hasen auf andere Art gesotten.

Bereite den Hasen vor, tue ihn in eine flache Kasserolle mit Öl, Brühe, Essig, Rosinenwein, geschnittener Zwiebel, grüner Raute und zerschnittenem Thymian und so setze ihn zu.

405. Gewürzter Hase.

Es wird Pfeffer, Raute, Zwiebel, die Hasenleber, Brühe, eingesottener Wein, Rosinenwein und etwas Öl gerieben und wenn es kocht, mit Kraftmehl abgezogen.

406. Mit Saft benetzter Hase.

Derselbe wird ebenso vorher gewürzt wie Tarpejanische Ziege (s. Nr. 567). Bevor er gekocht wird, wird er geschmackvoll zusammengenäht (dressiert). Pfeffer, Raute, Saturei, Zwiebel, etwas Thymian feuchte mit Brühe an, tue es dann in den Ofen und koche es. Die Fülle umstreue mit solcher Würze: $1/2$ Unze Pfeffer, Raute, Zwiebel, Saturei, 4 Datteln und Rosinen. Die Brühe, wenn sie Farbe hat, gieße in die Pfanne mit Wein, Brühe, Öl und eingesottenen Wein, verrühre es gehörig, daß alles gut miteinander durchzieht. Nachdem wird es auf einer runden Schüssel trocken mit Pfeffer angerichtet und so verwendet.

407. Gewürzter Hase auf andere Art.

Koche Wein, Brühe, Wasser, ein wenig Senf, Dill und Porree mit seinen Knollen; wenn es miteinander gekocht ist, würze es mit Pfeffer, Saturei, runder Zwiebel,[1]) Datteln und 2 Damaszener Pflaumen, gieße Wein, Brühe, eingesottenen Wein und ein wenig Öl dazu, dann wird es mit Kraftmehl verbunden; hat es noch ein wenig gekocht, wird der Hase damit gewürzt auf einer Platte angerichtet und mit der Soße übergossen.

408. Von dem Siebenschläfer[2])

(Haselmaus), mit Schweinswurst gefüllt. Dieselben Fleischstückchen — aus allen Teilen des Siebenschläfers — werden mit Pfeffer gerieben und mit Nüssen, Laser und Brühe; fülle damit den Siebenschläfer, stelle ihn in einem Tiegel[3]) in den Ofen; auch koche von der Fülle in einem Topfe.

IX. Buch.

Von den Seetieren.

409. Soße zu Langusten[4]) und Seekrebsen[5]) in der Schale.[6])

Nimm geschnittene Pallacanen-Zwiebel, Pfeffer, Liebstöckel, Feldkümmel, Kümmel, Feigendatteln, Honig, Essig, Wein, Brühe, Öl und eingekochten Most; auch tue in die Soße während des Kochens noch Senf.

---

[1]) cepa rotunda — eine besonders geschätzte Art Zwiebeln.
[2]) glires — Siebenschläfer, bei den Römern bevorzugter Leckerbissen. Plin. N. H. VIII 82.
[3]) tegula — Tiegel, auch kann es hier Dachstein heißen, um die Unterhitze des Ofens zu mildern
[4]) locustae — Locusten, Langusten. Plin. IX 2, 50.
[5]) carabi — Seekrebse, Krabben. Plin. IX 51.
[6]) Schuch schreibt: cappari statt carabo, was wohl eine irrige Annahme sein dürfte.

410. Gebratene Langusten.

Sollen die Langusten, wie üblich, in ihrer Schale erscheinen, so fülle sie mit Pfeffer und Koriander und gewürztem Sud auf und brate sie auf einem Roste; wenn sie abgetrocknet (trocken geworden) sind, feuchte sie abermals mit gewürztem Sud an und tue sie so oft auf den Rost, als sie gebrauchen, gut durchgebraten zu sein und richte sie an.

411. Gesottene Langusten mit Kümmel.

Reibe Pfeffer, Liebstöckel, Petersilie, trockene Minze, mit viel Kümmel, Honig, Essig und Brühe; nach Belieben füge auch ein Blatt Malabathron[1]) hinzu.

412. Auf andere Art.

Wurst aus dem Schwanze derselben mache so: Ein Blatt Lavendel und die zuvor herausgenommenen Eier der Langusten siede, dann schneide das Fleisch derselben und forme mit Brühe und den Langusten-Eiern die Wurst.

413. Gesottene Languste.

Koche sie mit Pfeffer, Kümmel, Raute, Honig, Essig, Brühe und Öl.

414. Auf andere Art.

Mit Pfeffer, Liebstöckel, Kümmel, Minze, Raute, Nüsse, Honig, Essig, Brühe und Wein.

415. Zitter-Rochen.

Reibe Pfeffer, Raute, trockene Zwiebel, Honig, Brühe, Rosinenwein und ein wenig Wein und schmecke es mit gutem Öl ab; wenn es zu kochen beginnt, ziehe es mit Kraftmehl ab. (Jedenfalls wurde der Fisch in diesem Sud gekocht).

---

[1]) malabatrum = laurus cassia. Plin. XII 59.

416. Gesottener Zitterrochen.[1]

Pfeffer, Liebstöckel, Petersilie, Minze, Majoran, ein Eigelb, Honig, Brühe, Rosinenwein, Wein und Öl; nach Belieben tue auch Senf und Essig daran; willst du es glänzend (reichhaltiger) haben, füge noch Rosinen hinzu.

417. Tintenfisch in der Pfanne.[2]

Reibe Pfeffer, Raute, ein wenig Honig, Brühe, eingesottenen Wein und schmecke es mit Öl ab.

Gefüllter Tintenfisch. Pfeffer, Liebstöckel, Koriander, Selleriesamen, Eigelb, Honig, Essig, Brühe, Wein und Öl und (wenn es kocht) ziehe es ab.

418. Gefüllte Sepia[3]

(auch eine Art Tintenfisch). Pfeffer, Liebstöckel, Selleriesamen, Feldkümmel, Honig, Brühe, Wein, Gewürze, Zutaten (Salz, Kräuter, Wurzelwerk usw.) mache heiß, nimm den Fisch aus (öffne ihn) und übergieße ihn (mit dem vorbeschriebenen Sud).

419. Auf dieselbe Art gekocht.

Abgehäutetes, gekochtes Hirn reibe mit Pfeffer, welches du mit rohen Eiern vermischst, bis es genug ist, und ganzem Pfeffer, mache kleine Würstchen, nähe sie zusammen und tue sie zum Kochen in siedendes Wasser, so daß sich die Masse miteinander verbinden kann.

420.[4]

Siede die Sepia darin, rühre Kraftmehl kalt hinzu mit Pfeffer, Laser, Brühe, Nüsse und Eiern, würze es, wie du willst. (Die letztgenannten Zutaten werden, wenn der Fisch gar gekocht ist, hinzugetan, damit die Soße sämig wird).

---

[1]) torpedo — Zitterrochen. Plin. IX 67.
[2]) Loligo — Tintenfisch. Plin. IX 29, 44.
[3]) sepia — Tintenfischart. Plin. IX 44, 45.
[4]) Ohne Zweifel gehört dieser Satz zu Nr. 419.

421. Auf andere Art.
Setze Pfeffer, Liebstöckel, Kümmel, grünen Koriander, trockene Minze, Eigelb, Honig, Brühe, Wein und ein wenig Öl zu, wenn es kocht, ziehe es mit Kraftmehl ab.

422. Polypen.[1]
Bereite sie und trage sie mit Pfeffer, Brühe und Laser auf.

423. Austern.[2]
Bereite sie mit Pfeffer, Liebstöckel, Eigelb, Essig, Brühe, Öl und Wein; du kannst auch, wenn du willst, Honig dazu tun.

424. Alle Arten Muscheln.
Bereite sie mit Pfeffer, Liebstöckel, Petersilie, trockener Minze und viel Kümmel; wenn du willst, füge auch Nardenblatt[3] und Malabathrum[4] zu.

425. Seeigel.[5]
Nimm in einen neuen Topf[6] ein wenig Öl, Brühe, süßen Wein und klaren Pfeffer; laß es kochen; wenn es gekocht hat, tue die Seeigel einzeln hinein, schwenke sie um, laß sie weiter kochen und wenn sie gar sind, streue Pfeffer darüber und trage sie auf.

426. Auf andere Art.
Koche ihn in Pfeffer, ein wenig Kostkraut,[7] trockener Minze, Wassermet, Brühe, Indischem Spike[8] und einem Nardenblatt.

---

[1] polypum — Polyp. Plin. IX 46, 44.
[2] ostreis — Austern. Plin. IX 71, 79.
[3] folium scil. nardinum — Nardenblatt. Durch das ganze Werk hindurch wird folium stets allein gebraucht.
[4] malabathrum = laurus cassia. S. Nr. 411.
[5] echini — Seeigel. Plin. IX 51.
[6] pultarium = Mus-, Brei-Topf.
[7] costum — wohlriechendes Kraut. Plin. XII 25.
[8] spica indica. Plin. XII 26.

427. Auf andere Art.

Tue[1]) alle in heißes Wasser, koche sie, nimm sie heraus und richte sie in ein flaches Geschirr ein; füge ein Nardenblatt, Pfeffer, Honig, Brühe, ein wenig Öl und Eier zu, daß es sich verbindet; koche es im Wannenbade (bainmarie?), streue Pfeffer darüber und richte sie an.

428. Gesalzener Seeigel.

Koche den gesalzenen Seeigel mit bester Brühe und gesottenem Wein, schmecke ihn mit Pfeffer ab und trage ihn auf.

429. Auf andere Art gesalzener Seeigel.

Bereite ihn mit bester Brühe, so daß er wie frisch erscheint, als ob er aus dem Bade (Wasser) genommen sei.

430. Von der Miesmuschel.[2])

Bereite sie mit Brühe, geschnittenem Porree, Kümmel, Saturei, Rosinen- und gemischtem Wein mit Wasser verdünnt, worin du die Muscheln kochst.

431. Von der Sardelle[3]) und dem jungen Thunfisch.[4])

Sardellenfülle ist es nötig, so zu machen: Nachdem der Fisch ausgerätet ist und Polei, Kümmel, Pfefferkörner, Minze, Nüsse und Honig gerieben sind, wird der Fisch gefüllt und zugenäht; in Pergamentpapier eingewickelt und

---

[1]) Schuch schreibt: colum mittes = in einen Durchschlag tue, statt totum mittes.

[2]) mitulus = mitylus — Muschel. Plin. IX 61. — Lister schreibt merulis statt mitulis. Merula = Amselfisch führt Plin. IX 20 auf. Galenus schreibt auch von Schalfischen = saxatiles und führt dabei merulae und turdi = Drosselfische an.

[3]) sarda. Plin. XXXII 17.

[4]) cordula. Plin. IX 17, 18. Jedenfalls hat man es hier mit einer größeren Art Sardelle zu tun, da bei einem so kleinen Fische, was wir unter Sardelle kennen, eine Füllung nicht gut angängig wäre.

über der Hitze des Feuers in einem Deckelgeschirr hergerichtet; nun wird er mit Öl, eingesottenem Most und Fischlake gewürzt.

432. Die Sarda — Sardelle — wird so bereitet:

Koche sie und gräte sie aus; reibe Pfeffer, Liebstöckel, Thymian, Majoran, Raute, Dattelwein und Honig, tue sie in ein Gefäß und garniere die Füllung mit hineingeschnittenen Eiern; als Brühe gib etwas Wein, Essig, eingesottenen Most und frisches Öl.

433. Soße zur Sarda.

Pfeffer, Majoran, Minze, Zwiebel, ein wenig Essig und Öl.

434. Auf andere Art.

Pfeffer, Liebstöckel, frische Minze, abgebrühte Zwiebel,[1]) Honig, Essig und Öl; streue hartgekochte, geschnittene Eier darüber.

435. Soße zu jungem Thunfisch.

Koche Pfeffer, Liebstöckel, Selleriesamen, Minze, Raute, Dattelwein,[2]) Essig, Wein und Öl.

436. Diese Soße

paßt auch zur Sarda und zur Meeräsche.

437. Soße zu gesalzener Meeräsche.[3])

Pfeffer, Liebstöckel, Kümmel, Zwiebel, Minze, Raute, Salbei,[4]) Dattelwein, Honig, Öl, Essig und Senf.

---

[1]) Schuch schreibt: coctum mel = gekochten Honig, statt cepam coctam, mel etc.
[2]) cariotam = caryotam, kann sowohl Feigendatteln als auch Dattelwein sein. Plin. XIII 9.
[3]) mugil = Meeräsche. Plin. IX 9.
[4]) salvia = Salbei. Plin. XXII 25.

438. Auf andere Art.
Pfeffer, Majoran, Eruca,[1]) Minze, Raute, Salbei, Datteln, Honig, Öl, Essig und Senf.

439. Vom Wels,[2]) vom Pelamis[3]) und gesalzenen Thunfisch.
(Vielleicht auch Hausen und Sterlet?). Bereite sie mit Pfeffer, Liebstöckel, Kümmel, Zwiebel, Minze, Raute, Salbei, Dattelwein, Honig, Essig, Senf und Öl.

440. Sud zur Tarichäischen Seebarbe[4]) (Rotbarbe).
Reibe Pfeffer, Raute, Zwiebel, Datteln und Senf, mische das Geriebene mit Seeigel und Öl, damit überziehe den Fisch geröstet oder gebraten.

441. Gesalzener Fisch ohne Salz.[5])
Koche Leber (von der Meerbarbe), reibe sie, tue Pfefferbrühe, auch Salz und Öl dazu, dann Hasen-, Ziegen-, Lamm- oder Hühner-Leber und wenn du willst, fülle es in eine Fischform ein und tue frisches Öl daran.

442. Auf andere Art zur Abwechslung.
Kümmel, Pfeffer und Brühe reibe, mische es mit ein wenig Rosinenwein oder eingesottenem Wein und viel geriebenen Nüssen; zerreibe so alles, gib das Gesalzene[6]) zurück (behalte es zurück), gieße Brühe zu, träufele etwas Öl darüber und richte es an.

---

[1]) eruca = Plin. XIX 35, 44, XX 49.
[2]) silurus vulgo sturio = Wels. Plin. V 10, IX 17.
[3]) Pelamides = limus. Plin. IX 18.
[4]) mulli = Meerbarbe. Plin. IX 30.
[5]) Lister dagegen schreibt: piscem frictum vel assatum salsum in salso (salsamento). Er nimmt dabei die letzten Worte v. Nr. 440 mit herüber,
[6]) Schuch schreibt hier: salsario defundes = gieße es in eine Sauciere, Soßennapf, statt salsa redde bei Lister.

443. Auf andere Art Gesalzenes ohne Salz.

(S. Nr. 441). Nimm Kümmel, soviel als 5 Finger voll, die Hälfte davon Pfeffer und eine gereinigte Knoblauchzehe,[1]) reibe es, fülle Brühe auf und träufele etwas Öl darüber. Dieses wird einen kranken Magen wieder herstellen und die Verdauung befördern.

444. Bajanisches Mischgericht.[2])

Kleine Austern, Muscheln,[3]) und Seenesseln[4]) (Stachelmuscheln) tue in eine Kasserolle nebst geschnittenen, gerösteten Pinienkernen, Raute, Sellerie, Pfeffer, Koriander, Kümmel, Rosinenwein, Brühe, gesottenem Wein[5]) und Öl.

X. Buch,

welches von den Fischsoßen handelt.

445. Kräutersoße zu gerösteten Fischen.

Bereite irgendwelchen Fisch und röste ihn. Reibe Pfeffer, Kümmel, Koriandersamen, Laserwurzel, Majoran und Raute, fülle Essig auf; füge Dattelwein, Honig, eingesottenen Most und Öl dazu, verdünne es mit Brühe, gieße es in eine Kasserolle, laß es kochen; wenn es gekocht hat, gieße es zum gerösteten Fisch, streue Pfeffer darüber und trage es auf.

446. Soße zu gesottenem Fisch.

Nimm Pfeffer, Liebstöckel, Kümmel, Zwiebel, Majoran, Pinienkerne, Feigendatteln, Honig, Essig, Brühe, Senf und

---

[1]) Schuch dagegen schreibt: uvam, spicam etc., statt unam spicam bei Lister.
[2]) baianum = nach dem Badeorte Bajae.
[3]) sphondylus — eine Art Muscheln. Colum. VIII 16.
[4]) urtica — Seenessel. Plin. IX 68.
[5]) Schuch schreibt hier cariotum. Hierzu bemerkt Hummelberg, daß hier, wie in allen ähnlichen Fällen, wo es unter Flüssigkeiten aufgeführt ist, stets caraenum, carenum = eingesottener Wein gemeint ist, statt der häufig irrtümlich aufgeführten Bezeichnungen careum und cariotum.

ein wenig Öl; mache die Soße heiß; wenn du willst, tue noch Rosinen daran. (Der letzte Satz: jus callicum — calidum — si velis etc. — könnte auch analog dem Satze in Nr. 416 heißen: willst du die Soße schöner haben usw.)

447. Auf andere Art.

Reibe Pfeffer, Liebstöckel, grünen Koriander, Saturei, Zwiebel, gekochte Eigelb, Rosinenwein, Essig, Öl und Brühe.

448. Auf andere Art.

Bereite den Fisch sorgfältig; tue in einen Mörser Salz, Koriandersamen und vermenge es gut, wälze den Fisch darin, tue ihn in eine Pfanne, bedecke ihn, verschließe die Pfanne mit Gips und koche ihn im Ofen; wenn er gekocht ist, nimm ihn heraus, besprenge ihn mit scharfem Essig und trage ihn auf.

449. Auf andere Art.

Wenn du den Fisch hergerichtet hast, tue in einen Tiegel Koriandersamen, Wasser, grünen Dill und den Fisch selbst, sprenge Essig darüber und richte ihn an.

450. Alexandriner Soße zu gebratenem Fisch.

Pfeffer, trockene Zwiebel, Liebstöckel, Kümmel, Majoran, Selleriesamen, ausgekernte Damaszener Pflaumen, fülle Essig, Brühe, eingesottenen Most und Öl auf und koche es.

451. Dieselbe Soße auf andere Art.

Pfeffer, Liebstöckel, grünen Koriander, ausgekernte Rosinen, Wein, Rosinenwein, Brühe und Öl verkoche.

452. Auf andere Art.

Pfeffer, Liebstöckel, grünen Koriander, Zwiebel, ausgekernte Damaszener Pflaumen, Rosinenwein, Brühe, Öl und Essig koche.

453. Soße zu gebratenem Meeraal.[1]

Pfeffer, Liebstöckel, gestoßenen Kümmel, Majoran, trockene Zwiebel, gekochtes Eigelb, Wein, Met, Essig, Brühe und eingesottenen Most koche zusammen.

454. Soße zum Hornfisch.[2]

Pfeffer, Liebstöckel, Majoran, Zwiebel, ausgekernte Rosinen, Wein, Essig, Honig, Brühe und Öl verkoche miteinander.

455. Soße zu gesottener Seebarbe.[3]

Pfeffer, Liebstöckel, Raute, Pinienkerne, Honig, Essig, Wein, Brühe und ein wenig Öl mache heiß und gieße es zum Fisch.

456. Auf andere Art.

Koche Raute, Minze, Koriander, Fenchel, alles grün, mit Pfeffer, Liebstöckel, Honig, Brühe und ein wenig Öl.

457. Soße zu gebratener Pelamide.[4]

Pfeffer, Liebstöckel, Majoran, grünen Koriander, Zwiebel, ausgekernte Rosinen, Wein, Essig, Brühe, Most und Öl. Diese Soße eignet sich auch zu gesottenem Fisch; wenn du willst, füge auch Honig zu.

458. Soße zu Barsch.[5]

Pfeffer, Liebstöckel, gestoßenen Kümmel, Zwiebel, ausgesteinte Damaszener Pflaumen koche mit Wein, Met,[6] Essig, Öl und eingesottenem Most.

---

[1] conger = Meeraal. Plin. IX 24.
[2] cornutum = Hornfisch. Plin. XXXII 11, fut. IX 4.
[3] mullus = Meerbarbe. Plin. IX 30.
[4] pelamide — Thunfischart s. Nr. 439.
[5] perca — Barsch, Plin. IX 24.
[6] mulsum — Met.

459. Soße zum Rotbart — Drachenkopf.[1])

Pfeffer, Liebstöckel, Feldkümmel, Quendel,[2]) Selleriesamen, trockene Zwiebel, koche mit Wein, Rosinenwein, Essig, Brühe und Öl und ziehe es mit Kraftmehl ab.

460. Soße zu gebratener Murene.[3])

Pfeffer, Liebstöckel, Saturei, Safran,[4]) Zwiebel, ausgesteinte Damaszener Pflaumen koche mit Wein, Met, Essig, Brühe, eingesottenem Most und Öl.

461. Auf andere Art.

Pfeffer, Liebstöckel, Damaszener Pflaumen koche mit Wein, Met, Essig, Brühe, eingekochten Most und Öl.

462. Auf andere Art.

Pfeffer, Liebstöckel, Bergnepete,[5]) Koriandersamen, Zwiebel, Pinienkerne koche mit Honig, Essig, Brühe und Öl.

463. Auf andere Art.

Pfeffer, Liebstöckel, Dill, Selleriesamen, Syrischen Sumachsamen[6]) und Feigendatteln koche mit Honig, Essig, Brühe, Öl, Senf und eingesottenem Most.

---

[1]) rubellio — Rotbart. Plin. XXXII 49.
[2]) serpyllum — Quendel. Plin. XX 22 fut.
[3]) murena — Aalartiger, bei den Römern hochgeschätzter Fisch. Nicht zu verwechseln mit unserer Muräne aus den Pommerschen (Madue-) Seen. Plin. IX 24, 35, 39, 81.
[4]) crocum ingnum — angepflanzter, kultivierter Safran. Plin. XXI 6, 7.
[5]) nepeta montana. Plin. XIX 37, XX 66.
[6]) rhus syriacus = Syrischer Sumach. Plin. XXIII 12, 13, 16. — Nach Cael. Aurelian gilt rhus' Sumach, Gerberbaum — als ein bei Fischen häufig gebrauchtes Mittel zum Einsetzen, und es sollte noch besser sein, als die Art zu würzen mit frischem Öl, Essig und ein wenig Salz.

464. Auf andere Art Soße zu gesottener Murene.

Pfeffer, Liebstöckel, Feldkümmel, Selleriesamen, Koriander, frische Minze, Pinienkerne und Raute mache heiß mit Honig, Essig, Wein, Brühe und ein wenig Öl und ziehe es mit Kraftmehl ab.

465. Auf andere Art.

Pfeffer, Liebstöckel, Feldkümmel, Kümmel, Pinienkerne, Feigendatteln, Senf, Honig, Essig, Brühe, Öl und eingesottenen Most.

466. Brühe — Soße zu gesottenem Fisch.

Pfeffer, Liebstöckel, Petersilie, Majoran, frische Zwiebel koche mit Honig, Essig, Brühe und ein wenig Öl, wenn es kocht, ziehe es mit Kraftmehl ab und trage es (mit dem Fisch) auf einer langen Platte auf.

467. Soße zu gebratenem Lacertus.[1]

Pfeffer, Liebstöckel, Kümmel, grüne Raute und Zwiebel koche mit Honig, Essig, Brühe und ein wenig Öl; wenn es kocht, ziehe es mit Kraftmehl ab.

468. Soße zu gebratenem Fisch.

Pfeffer, Liebstöckel, Thymian und 'grünen' Koriander koche mit Honig, Essig, Brühe, Wein, Öl und eingesottenem Most, bewege (schlage) es mit Rautenzweigen und ziehe es mit Kraftmehl ab.

469. Soße zum Thunfisch:

Pfeffer, Kümmel, Thymian, Koriander, Zwiebeln und Rosinen koche mit Essig, Honig, Wein, Brühe und Öl, erhitze es und ziehe es mit Kraftmehl ab.

---

[1] lacertus — Fisch nom. prop. Plin. XXXII 53.

470. Soße zu gesottenem Thunfisch.

Pfeffer, Liebstöckel, Thymian, Kalteschalen-Gewürze[1]) als: Knoblauch, Raute, Essig, Öl usw. (s. No. 224), Zwiebel, Feigendattel koche mit Honig, Essig, Brühe, Öl und Senf.

471. Soße zu gebratenem Zahnfisch.[2])

Pfeffer, Liebstöckel, Koriander, Minze, trockene Raute, gekochte Cydonische Äpfel mache mit Honig, Wein, Brühe und Öl heiß und ziehe es mit Kraftmehl ab.

472. Soße zu gesottenem Zahnfisch.

Pfeffer, Dill, Kümmel, Thymian, Minze, grüne Raute mache mit Honig, Essig, Brühe, Wein und ein wenig Öl heiß und ziehe es mit Kraftmehl ab.

473. Soße zur Goldbrachse.[3])

Pfeffer, Liebstöckel, Feldkümmel, Rautenbeeren, Minze, Myrtenbeeren und Eigelb mache mit Honig, Essig, Öl, Wein und Brühe heiß und gebrauche es so.

474. Soße zu gebratener Goldbrachse.

Pfeffer, Koriander, trockene Minze, Selleriesamen, Zwiebel und Rosinen koche mit Honig, Essig, Wein, Brühe und Öl.

475. Soße zu gesottenem Seeskorpion[4]) (Drachenkopf).

Pfeffer, Feldkümmel, Petersilie und Feigendatteln koche mit Honig, Essig, Brühe, Senf, Öl und eingesottenem Most.

---

[1]) condimenta moretaria. Schuch kommentiert es mit condimentum hortarium und bezieht sich auf Dioscorid 3,158, welcher κηπεία = Zwiebelpfeffer = sedum cepaea sagt.
[2]) dentex = Zahnfisch. Columella VIII 16.
[3]) piscis auratus = Goldbrachse. Plin. IX 4, 25.
[4]) scorpio = See-Skorpion. Plin. XXXII 17, 16.

476. Fisch in Weinbrühe.

Reibe Pfeffer und Raute, mische es mit Honig und mache es auf ganz gelindem Feuer mit Rosinenwein, Brühe und eingesottenem Wein heiß.

Auf andere Art. Man macht es wie oben unter No. 476, nur wenn es gekocht hat, zieht man es mit Kraftmehl ab.

477. Soße zu Aal.[1]

Pfeffer, Liebstöckel, Selleriesamen, Dill, Syrischen Sumach (s. No. 463) und Feigendatteln koche mit Honig, Essig, Brühe, Öl, Senf und eingesottenem Most.

478. Auf andere Art Soße zum Aal.

Pfeffer, Liebstöckel, Syrischen Sumach, trockene Minze, Rautenbeeren, gekochte Eigelb koche mit Met, Essig, Brühe und Öl.

So erklärt Apicius das, was von den Fischen handelt, im zehnten und letzten Buche.

---

[1] anguilla — Aal. Plin. IX 23.

Inhalts-Verzeichnis.

Die römische Zahl bedeutet das betr. Buch.

Aal, Soße dazu X 477, 478.
Absinth, römischer I 3.
Alexandriner Soße X 450—452.
Apua s. Sardelle.
Aprikosen IV 176, 184.
Arme Ritter VII 302, 303.
Austern IX 423.
Austern aufzubewahren I 12, 30.

Bajanisches Mischgericht IX 444.
Barbe — Seebarbe X 455, 456.
Barsch — Seebarsch X 458.
Beeten — Mangold III 62—65.
Birnen IV 168.
Blumenkohl III 81, 82.
Bohnen, Apicianische V 203.
Bohnen V 185—211.
Brei (Püree) V 197.
Brei (Püree), Julianischer V 186.
Brot, Picentinisches IV 117.
Brühe, im Allgemeinen I 7.
Buchen-Pilze s. Pilze.
Bulben s. Zwiebelgewächse.

Cardonen III 106.
Citrus s. Gurken.
Citronen s. Orangen.
Colocasien als Zwischengericht
  VII 325.
Colocasien mit Huhn VI 247.

Creme mit Milch IV 133, 136.
Creme mit Käse IV 137.

Damwild, Schaufler VIII 342.
Drachenkopf-Skorpion IV 153.
Drachenkopf, Soße dazu X 459, 475.

Eier, gebratene VII 329.
— verlorene VII 329.
— Wildeier s. d.
— mit Milch VII 307.
Enten, s. auch Geflügel VI 213—219.
Entrees s. Zwischengerichte
Erbsen V 193—201.
Euter s. Schwein

Feldkräuter III 101.
Fische und Seetiere IX u. X.
— in Weinbrühe X 476.
— Soße z. gebratenen X 468.
— — z. gesottenen X 446-449, 466.
— mit Kräutern X 445.
— gesalzen ohne Salz IX 441-443.
— lake = Garum VII 288.
— Pastetchen oder Platte
      IV 137—165.
— aufzubewahren I 11.
— -Brühe — oxygarum I 35.
— Füllung und Würste II 37—60.

Flamingos VI 234, 235.
Fleisch, aufzubewahren I 8.
Fleischklößchen v. Schwein
　　　　VII 268, 269.
— Ostische VII 265.
— Apicianische VII 266.
— v. Wildschwein VII 267.
— mit Laser VII 270.
— gebraten VII 270-74.
Fönnkraut — Lupinen V 211.
Fülle zu Hasen VIII 396, 397, 403.
— aller Art. II.

Gallerte s. Sülzen.
— mit Gurken IV 130.
Gans VI 231, 237.
Garum s. Fischlake.
Gebärmutter s. Schwein.
Gemüse aller Art III.
Gewürzmischung, außergewöhnliche
　I 1, 36.
Gewürzsalze I 29.
Gewürze, gemischte, mortaria I 36.
Gerstentrank IV 179, 180, V 208, 209.
Geflügel aller Art VI 212—257.
— -Zubereitung VI 236.
— Wildgeschmack VI 232, 233.
Gemse VIII 349—351.
Goldbrachse X 473, 474.
Granatäpfel aufzubewahren I 18.

Hasen VIII 395, 399, 400.
— m. Füllung VIII 396, 397, 403.
— m. weißer Soße VIII 398.
— Passenianer Art VIII 401.
— -Würste VIII 402.
— geschmort VIII 404.
— gewürzt VIII 405, 407.
— im eigenen Safte VIII 406.
— -Leber IV 177.
Haselhuhn s. Geflügel VI 220, 222.

Hirsch, Soße dazu VIII 344.
— -Würze VIII 345.
— in versch. Zubereitung
　　　VIII 341—348.
Honig aufzubewahren I 2.
— gutzumachen I 15.
— zu erproben I 16.
— -Kuchen I 14.
Hornfisch, Soße dazu X 454.
Hors d'œuvres IV.
Hypotrimma I 34.
Hülsenfrüchte V.
Huhn s. Anhang Seite 121.

Käse, süßer VII 308.
　„　-Kuchen VII 306.
　„　　Creme IV 137.
Kalb VIII 355—358.
Kalte Schale, mortaria I 36.
Kapaun VI 253.
Karotten III 113—115.
Kleinragout IV 171.
— Tarentinisches IV 172.
— Apicianisches IV 173.
— Matianisches IV 174.
— v. Hasenleber IV 177.
Klöße V 188, 189.
Krammetsvögel, Amönische VI 255
Kranich VI 213—219.
Kraut, Salate III 97—100.
Kräuter, aufzubewahren I 23.
— -Platte IV 139, 182.
— -Soße z. Fisch X 445.
Kohl III 61.
Kürbisse III 67—74.

Lamm s. Ziege.
Lacertus, Soße dazu X 467.
— Platte IV 141, 146.
Laser, aufzubewahren I 13, 31.
Langusten IV 163, IX 409—414.

Lokusten IV 163, IX 409—414.
Leber u. Lunge v. Lamm VII 297—299.
— — vom Schwein VII 263, 264.
— — vom Hasen IV 177.
— — vom Geflügel II 46 u. f.
Linsen m. Pilzen V 190.
— m. Maronen V 191, 192.
Loligo IX 417.
Lupine s. Fönnkraut V 211.

Malven III 80.
Mangold s. Beeten.
Maronen V 191, 192.
Maulbeeren I 22.
Meeraal, Soße X 453.
Meeräsche, gesalzen IX 437, 438.
— Soße dazu IX 436.
— -wolf, Seehecht IV 152.
Miesmuschel IX 430.
Muscheln IX 424.
— -Mischgericht IX 444.
Morcheln VII 316—318.
Mispeln IV 166.
Muräne IV 162.
— Soße dazu X 460—465.

Nesseln III 102.
Nieren, Nierenstück s. Schwein.

Obst aller Art I 20.
Oliven I 27.
Orangen I 21.

Pastete v. Fisch IV 137—165.
— v. Gemüse u. Obst IV 139.
— Teig-Pastete IV 134, 135, VI 251.
Pelamide, gesalzen IX 439.
— Soße dazu X 457.
Perlhuhn VI 242.
Pilze, Buchen- VII 313—315.

Pilze m. Linsen V 190.
— s. Trüffeln, Morcheln.
Pfirsich I 26, IV 167, 176, 184.
Pflaumen, Damaszener I 28.
Polypen IX 422.
Pferdesilie — olusatrum III 93.
Püree (Brei) V 185, 186.
Porree III 87—90.

Quarkkäse — süßer VII 308.
Quitten I 19, IV 170.

Rebhuhn VI 220—222, 257.
Rettich III 96.
Rind s. auch Kalb VIII 355.
Rosenäpfel IV 178.
Rosenwein I 4.
Rotbart, Soße dazu X 459, 475.
Rotbarbe, Platte v. IV 142.
Rüben I 24, III 94, 95.

Salat s. Kraut III 97—100, 103—105.
— IV 123.
Sarda, Sardellen IV 131, 132, 140.
— IX 431, 432.
Schaufler s. Damwild.
Schinken s. Schwein u. Wildschwein.
Schwärtchen s. Schwein.
Sepia — Tintenfisch IX 418.
Seefische und -Tiere IX u. X.
Seebarbe IV 160.
— X 455, 456.
— auf Tarichäische Art IX 440.
Seebarsch X 458.
See-Igel IX 425—427.
See-Hecht IV 152.
See-Igel, gesalzen IX 428, 429.
Seekrebse IV 163, IX 409.
See-Skorpion X 475.
Seezunge IV 148, 165.
Seenessel IV 169.

Schnecken VII 326—328.
Schwartenmagen VII 289—291.
Schwein—SpanferkelVIII372—394.
— Vitellianische Art VIII 377.
— Flaccianische Art VIII 378.
— Frontinianische Art VIII 380.
— mit Weinbrühe VIII 381, 389.
— Celsinus Art VIII 382.
— Soße dazu VIII 385.
— Trajanische Art VIII 386.
— m. Koriander VIII 388.
— m. Thymian VIII 391.
— m. saurer Soße VIII 392.
— m. Laserpitium VIII 393.
— Vorderschinken VII 293, 294.
— Hinterschinken VII 295.
— -Lendchen u. Nieren VII 292.
— -Bauch VII 289—291.
— Halsstück, Kamm VII 275.
— -Leber VII 263, 264, II 40.
— -Euter VII 261, 262,
— -Gebärmutter VII 258, 260.
— -Schwärtchen, Rüssel ⎫
— -Füße, Koteletten   ⎭ VII 259.
Schweinefleisch aufbewahren I 9.
— gesalzen I 10.
Speck VII 296.
Spanferkel s. Schwein.
Siebenschläfer VIII 408.
Soße z. gesottenem Fisch
 X 446—449, 466.
— Alexandriner X 450—452.
— Kräuter z. Fisch X 445.
— weiße z. Hasen VIII 398.
— z. Schwein VIII 385.
— saure z. Schwein VIII 392.
— kalte z. Wild VIII 354.
— z. Gemse VIII 350, 351.
— z. Hirsch VIII 344.
— z. Wildschwein s. Wildschwein.
— mit Fischlake VII 288.
— z.Zwischengerichten VII 276-287.

Soße z. Rebhuhn VI 257.
— z. Geflügel VI 227—231.
Spargel III 66, IV 125, 126.
Speise, süße VII 300—305.
— scharfe I 33.
— wohlschmeckendes.Hypotrimma.
Sprossenkohl s. Blumenkohl.
Strauß VI 212.
Sülzen-Gallerte IV 116—134.
— Apicianische IV 117, 134, 173.
— m. Holunder IV 128.'
— m. Rosen IV 129.
— m. Gurken IV 130.
— m. Sardelle IV 131, 132, 140.
— m. Milch IV 133.

Tarichäische Seebarbe IX 440.
Tauben, zahme u. wilde VI 223—226.
Turteltauben VI 256.
Thunfisch s. Pelamide X 457, 470.
Tintenfisch — Sepia ⎫
— Loligo   ⎭ IX 417—421.
Thunfisch, gesalzen IX 439.
— Soße IX 435.
— Sarda IX 431, 432.
— Sarda IV 158, 159.
Trüffeln I 25.
— Zwischengericht VII 319—324.

Veilchenwein ⎫
Violatum   ⎭ I 4.
Vorgerichte, Hors d'œuvres, Klein-
 ragout, Gallerte IV.

Wein, dunkel glänzend I 6.
Weinbrühe — oenogarum I 32.
— zum Schwein VIII 381, 389.
Weintrauben I 17.
Wels IX 439.
Wermut — s. Absinth.
Wild-Eier VIII 352.

Altrömische Kochkunst.

Wild aller Art VIII 353.
— kalte Soße dazu VIII 354.
— -Schwein VIII 330—339.
Wildgeschmack b. Geflügel VI 232, 233.
Wurst s. Füllung II.
— von Hasen VIII 402.
— Schwartenmagen s. d.

Zahnfisch, Soße dazu X 471, 472.
Zahnbrasse — Meeräsche IV 151.
Ziege, Tarpejanische Art VIII 367.
Ziege u. Lamm VIII 359—371.
Zitterrochen IX 415, 416.
Zwiebel, Lucretianische Platte IV 145.
Zwiebel — s. Bulben zu Zwischengerichten VII 309—312.
Zwischengerichte-Entrees VII.

Anhang:

Huhn VI 238—254.
— Parthisches VI 240.
— mit saurer Soße VI 241.
— mit Dill-Soße VI 239.
— Numidisches, Perl- VI 242.
— mit Laser VI 243.
— gebraten VI 244.
— im eigenen Safte VI 245.
— gedünstet m. Gurken VI 246.
— — — Colocasien VI 247.
— Varianisches VI 249.
— Frontinianisches VI 250.
— -Pastete VI 251, 252.
— mit weißer Soße VI 254.

Kurzer Inbegriff der in diesem Werke vorkommenden Benennungen.

Die Zahlen bedeuten die Nummer des Abschnittes.

absinthium — Wermut 3.
abdomensuis — Schweinsbauch 54.
alica — Speltgraupen 42.
allium — Knoblauch
amygdala — Mandelkern 53.
anethum — Dill 228.
alex-alec — Lake v. gesalzenen Fischen 262.
ammium — ammi — Kümmel 29.
anisum — Anis 289.
aeroptes — Vom Geflügel 212.
amylum — Kraftmehl 50.
amurea — Ölhefen
apium — Eppich, Sellerieart 98.
asarum — Aser, ein gewisses Kraut 274.
aqualiculum — Magen 289.
amygdalus — Mandel 53.
avellana, corylus Haselnuß

beta — Beete, Mangold 62.
boletus — Pilz, Champignon 316.
bulbus — dicke Wurzel, die Zwiebel der Zwiebelgewächse 181.
buccella — ein kleiner Mundbissen, ein Bißchen, ein Zwieback? 316.

carefolium = caerefolium — eine Kerbelart 119.
carophyllum — Gewürznelke.

caepa = cepa — Zwiebel 97.
sicca — trockene Zwiebel.
arida — frische Zwiebel.
rotunda — runde Zwiebel 407.
cepaea — Portulack.
carduus — Distel, Cardone 106.
calamenthum — Kresse, Melisse 74.
capparis — Kaper
cardamomum — Kardamom 35.
careum — Feldkümmel 31.
carotae — Karotten 113.
carenum = caroenum — zum dritten Teil eingekochter Most 34.
carica = ficus — trockene Feige 51.
citrus — Zitronen-Orangenbaum 175.
citrium — an dieser Stelle bedeutet eine Gurkenart (nach Lister) 21.
cnicus = cnecus — Knikus, ein unansehnliches zur Zeit des Plinius in Italien unbekanntes Kraut, das weniger zu Speisen verwendet sein soll 228.
colocasia — ein am Nil häufig vorkommendes Staudengewächs, dessen Stengel gegessen wurden. Ägyptisches Bohnenkraut 68.
colymbades s. olivae.
conyza = cunilago — wie alle Cunilearten ein Basilienkraut 74, 144.

Altrömische Kochkunst.

coctura — das Kochen in verschiedener Verbindung und Bedeutung 171.
coriandrum — Koriander 138.
corruda — wilder Spargel.
costus — Kostkraut-wurz, die Wurzel hat einen brennenden Geschmack aber vorzüglichen Geruch 3.
cotonea — ein Cunilaart s. d.
crocis — ein gewisses Kraut 3, 46,
crocum — Safran 3, 46.
cucurbita — Kürbisse 130.
coliclus = coliculus = cauliculus — kleiner Stengel 81.
cuminum = cyminum — Roßkümmel 152.
cunila = thymbra = satureia — echte Cunila 74, 144.
— montana — Berg-Cunila, dem Quendel ähnlich.
— bubula — Ochsun-Cunila.
— gallinacea — Hühner-Cunila.
— melle — weiche Cunila, riecht wie Honig und klebt.
— libanotis — Weihrauch-Cunila.
cyamus — s. colocasia.
cucabis sucu — lacte nucis indicae 65, 66.
— κοῦκι — Kokosmilch 382.
cyma — Blumenkohl, Sprossenkohl 81.
cotonea — der Cunila bubula ähnliches Kraut.
cottana = coctana = cotana — eine Art kleiner Feigen 51.
cucumis = pepones = cucurbitae — Gurken.
cyperus = cypira — Schwertel, ein der Narde ähnlich riechend., die Wurzeln gleichen dem Ingber; eine Binsenart 5.

caryotae — eine Art großer Datteln, Feigendatteln; da man auch Wein damit aufsetzt, so kann es auch Dattelwein sein 34.

dactylus — eine fingerähnliche Dattel 1.
defrutum = defrictum — eingekochter Most 34.
duracina = uva = persica etc. — rauhaarige Weinbeeren, Pfirsiche usw. 74.

epimeles — sorgfältig, auserlesenes ὀψοποιός. 1.
eruca — eine senfartige Tafelwürze 219.

faba — Bohne 209.
faseolus = phaseolus s. d.
ferula — ein strauchartiges Kraut, Ruthenkraut, dem Dill ähnlich.
foeniculum — Fenchel 180.
foenum graecum auch silicilia — Bockshorn, ein heute nicht mehr gebräuchliches Gemüse (Getreide 211.
folium scl. nardi — Nardenblatt, erscheint in diesem Werke stets nur als folium; Lavendel? 3.

garum — Fischlake, durch Versetzen der Eingeweide und anderer Teile der Fische mit Salz; war sehr teuer. 313.

halieus = alieus libatus — d. ist ἁλιεύς = piscator — Von den Fischen 445.
helenium — eine Thymian-Art, vielleicht auch inula helenium s. d. 5.

hordeum — Gerste.
hydrogarum — eine mit Wasser verdünnte Fischlake 45.
hypotrimma — eine Art flüssige Speise, aus allerhand gewürzhaften, wohlschmeckenden Dingen bestehend 34.
hydromeli — Wassermet; Regen-Wasser m. Honig vermischt zu $^1/_3$ seines Volumens eingesotten.
hyssopus cretic. = origanum syriac. — Majoran 29.

jus — Brühe, Suppe, zum Unterschiede von liquamen
jus de suo sibi — eigener Saft, eigene Brühe 147.

intubus — Salat, Endivie 103.
isicia, ium = insicia — Wurst; Gericht aus gehacktem Fleisch; Füllung, Farce 37.
inula — Alant.

lactuca — Gartensalat 99.
laganum — ein gewisses leicht zu kauendes, aus Mehl und anderen Dingen bestehendes Gericht; auch vielleicht der Teig dazu 134.
laser, laserpitium — der Saft der Pflanze Silphium 13, 31.
libanotis — männliche Conyza s. d.
leetiscus — Gummi, Harz aus einer Art Mastixbaum 101.
levisticum — Liebstöckel, ein in diesem Werk sehr häufig vorkommendes Gewürz: auch Badekraut, Saukraut, Leberstockkraut genannt. Alle Teile riechen und schmecken gewürzhaft. Es scheint identisch oder doch sehr ähnlich

zu sein von laserpitium siler — trochiscanthes — nodiflorus Koch. — Panax, Cunila — Conyza — thymbra — satureja und mit unserem heutigen Basilikum übereinzustimmen 30.
liquamen — eine gewisse Brühe 7.

malobathron = laurus cassia — eine Art Ölbaum; das Öl daraus riecht nach Safran und schmeckt salzig 31.
malus assyria = citrus decumana — Pumpelmuse.
— matianus — Apfel vom Matius 174.
— roseus — Rosenäpfel 178.
malva — min. — maj. — Malve, nach Größe der Blätter in kleine und große M. unterschieden 80.
mastix — Dornbaum, dessen Harz oder Öl man auch zu Speisen verwendet zu haben scheint 3.
medium — eine Iris = Lilienart, deren Wurzel man mit Honig gab.
mentha = mintha — Minze 192.
— silvestris — Roßminze, Krauseminze.
— piperita — Pfefferminze.
morus — alba — nigra — Maulbeeren 22.
myrrhis odorata — wohlriechende Myrrhe, wurde mit Wein vermischt.
myrtus — Myrte, Myrthe, deren Beeren bedienten sich die Alten, ehe der Pfeffer bekannt wurde 43.
minutal — Gerichte aus klein gehackten Dingen 171.
merum scl. vinum — reiner Wein, d. h. nicht gemischt; merum allein wird häufig für merum vinum oder oleum angewendet,

mulsum scl. vinum = scl. acetum — Essigmet, Honig-Weinmet 458.
mustum — Most.

napi = brassica campest. — Steckrüben.
nepeta — Katzenminze, eine Polei-Art 228.
— montana — Bergminze 462.
nucleus — der Kern der Nüsse im allgemeinen 194.
— juglandis — Walnußkern.
— pineis — Pinienkerne 55.
nuces — sowohl Hasel- als Walnuß 122.

ocymum — Basilienkraut 193.
oenogarum — Weinbrühe 32.
olusatrum = hipposelinum — Pferdesilge 93.
olyra = arinca — Getreideart.
olus molle — weiches Kraut — Salat 97.
olus et caules, brassica oleracea — Kohl und Kraut 90.
origanum — Wohlgemut, Dosten, Majoran 193.
oryza — Reis, Reismehl 52.
olivae calymbades — in Salz eingemachte Oliven 27.
oxygarum — saure Fischbrühe 33.
ospreos = osprios — Hülsenfrüchte betreffend 185.

pandectes — Allerlei enthaltend 116.
panax — enthält wie der Laser und die Ferula einen nützlichen Saft; er ähnelt auch dem origanum.
polei = origanum dictamnus L. blechon — der Griechen Polei — pulegium 179.

politeles — von den kostbaren Sachen 258.
polypodium — Engelsüß 62.
phaseolus = isopyrum = fumaria capreolata — ein rankenartiges Gewächs, Bohne = haricot vert? Quendel? auch faseoli = Schwertbohne 211.
ptisana tisana — Gerstentrank 179.
praedura — hart, steif.
praecoqua — vorher, vorzeitig gekocht, gereift, frühreif wie persica etc. 176.
pastinacae — Pastinak 114.
pyrethrum — Bertramwurz, scheint hier aber Dragon, Estragon gemeint zu sein 181.
porrum — Schnittlauch, auch Porree 133.
prunum damasc. — Damaszener Pflaumen 214.
pulegium = mentha puleg. — Polei, Minze 74.

raphanus sativus — Rettich 96.
rhus — Gerberstrauch, man streute den Samen statt Salz auf die Speisen 463.
rapa — weiße Rübe; brassica rapa 216.
ruta — Raute, stand wegen des anregenden Geschmacks in großer Gunst. Es wurde auch Rautenmost hergestellt 141.

sarcoptes — Von der Zurechtmachung des Fleisches 37.
saturei — zur Gattung des ligusticum, der cunila und thymbra — Saturei 32.
sesil = sil — eine Art Kümmel 35.
sylphium s. Laser.

salvia — Salbei.
sambucus = sabucus — Holunder 128.
sesamum — nach Plin. eine Getreideart, sonst auch Sesamkraut 235.
setania — eine Art Mispeln; setanium bulbosum — nach Plin. eine Art Zwiebel 356.
spongiola — Rosenschwamm 42.
spongiolus — Pfefferling und Eierschwamm 42.
serpyllum - Thymianart, Quendel 459.
sinapis — Senf, zu dem auch napi, thapsi und saurion gehören 9.
spica — Lavendel 437.
similago — ein in Ägypten aus Weizen gemachtes feines Mehl.

talassa — Was vom Meere handelt 409.
tamnis = tamnus — wilder Weinstock 127.
thymbra — cunila s. d.
thymus, vulg. — Thymian 127.
tubera = tuber cibarium — Trüffel 25.
tetrapes — Von der Zubereitung der Speisen aus vierfüßigen Tieren 330.
tractogalatum = mit einem gewissen Backwerk zurecht gemacht 188.
tyrotarichus — ein Gericht aus Käse und gesalzenem Fisch 137.
tus, thus — Weihrauch, Rosmarin? 56.

urtica urens — die wilde Nessel, eine nicht unangenehme Speise 102.

vinum conditum — Gewürzwein wurde aus sehr vielen und verschiedenen Kräutern, Gewürzen und Früchten hergestellt.
vulva — meist nur von Tieren gebraucht, Bärmutter, Gebärmutter. Die Gebärmutter ist besser, wenn das Tier verworfen, als wenn es normal geboren hat; im ersteren Falle heißt sie ejectitia, im letzteren porcaria. Von einer Sau, die zum ersten Male geworfen hat, ist sie am besten, am schlechtesten von solchen, die nicht mehr werfen. Nach dem Werfen ist sie unterlaufen und mager, ausgenommen, wenn man die Sau sogleich schlachtet. Diejenigen von jungen Säuen werden nur dann geschätzt, wenn sie schon einmal geworfen, besser sind die von alten, wenn sie nur noch nicht ausgeworfen haben, aber man soll sie weder 2 Tage vor, noch 2 Tage nach dem Wurf, noch an dem Tage des Wurfes nehmen. Nächst der vulva ejectitia ist die beste diejenige von einer 1 Tag nach dem Werfen geschlachteten Sau; von einer solchen ist auch das Euter ganz vorzüglich, wenn die Jungen noch nicht daran gesogen haben. Dahingegen taugt das Euter von einer Sau, die verworfen hat, nichts. Die Alten nannten das Euter »abdomen« ehe es hart ward, denn sie pflegten die trächtigen Tiere nicht zu töten. Plin. XI 84 54.

zingiber = gingiber — Ingber 29.
zomoteganite scl. patina — eine Schüssel Fische, die in ihrer Brühe gesotten sind 147.

Die im vorverzeichneten Inhalt den einzelnen Benennungen beigesetzten Nummern gelten nicht nur für diese, sondern die Benennungen kommen häufig auch in andern Nummern vor.

Altrömische Kochkunst.

Maße und Gewichte:
1 Congius = 3,201 Liter
1 Sextarius = 0,533 „
1 Hemina = 0,266 „
1 Acetabulum = 0,066 „
1 Cyathus = 0,044 „
1 Ligula = 0,011 „

1 Uncia = 28,75 Gramm
1 scrupulus = 1,20 „
1 libra = ca. 500 „

Übersicht der Brühen u. Soßen:
liquamen — Brühe, Nachbouillon.
jus — Brühe, Sud, Soße.
coctura — Kochbrühe.
garum — Fischbrühe.
alex gari vitium — minderwertige Fischbrühe.
garum sociorum — berühmte Fischbrühe.
oenogarum — Weinbrühe.
oxygarum — saure Fischbrühe.
hydrogarum — verdünnte Fischbrühe.
muria — Salzsoole, Lake.
oxyzomum — saure Brühe.
posta — saurer Wein mit Wasser vermischt.
oleogarum — Ölbrühe.
caroenum — eingesottener Most.
passum — Rosinenwein.
mostum — Most.
defrutum — Most zum dritten Teil eingekocht.
mulsum — Met.
hydromeli — Honigmet, Wassermet.
oenomeli — Weinmet.

Kochgefäße und Geschirre.
boletar — ein Geschirr zu Pilzen, dann auch jedes Geschirr, Gefäß.
cacabus — Kochgeschirr, Kochtopf, Kasserolle.
cacabulus — kleines Kochgeschirr.
clibanus — ein weites Geschirr, worin Brot gebacken wurde.
angularus — eckiges Geschirr.
cumana scl. testa — tönernes Geschirr.
ambiga — Gefäß in Gestalt einer Pyramide.
craticula — ein Rost.
discus — runde Schüssel oder Teller, Wurstteller.
fretale — Bratgeschirr, Bratpfanne.
furnus — Backofen, Bratröhre.
lanx, cis — ein breites, hohles Geschirr, Schüssel, Schale.
olla — Topf.
operculum — Deckel, Deckelgeschirr.
focus — Feuerstätte, Herd.
patella — ein flaches Geschirr, worin Speisen gekocht und aufgetragen wurden.
patena = patina desgl. — Schale, Schüssel, Pfanne.
sartago — Küchengeschirr z. Backen, Rösten und Braten. Tiegel, Pfanne.
thermospodium — Wärmgeschirr, Wärmpfanne = bain marie.
testum — Deckel, Stürze, irdenes Geschirr.
tegula — Dachziegel (Tiegel?).
vas — Geschirr, Faß = Teller, Schüsseln usw.
vasculum — desgleichen.
zyma, zema, zuma — Kochgeschirr, Topf.
pultarium — Mus-, Brei-Topf.
trulla — Kelle, Schöpfkelle, auch ein kleines Weingefäß.